BIBLIOTHÈQUE

DU

PROPRIÉTAIRE RURAL

ET

DE LA MÉNAGÈRE

OFFRANT

par l'application des recherches scientifiques aux progrès
de l'économic rurale, domestique et industrielle,
les moyens de satisfaire à tous les besoins
actuels de la société.

PAR

Arsenne Thiébaut de Berneaud.

Te donnes garde de enyvrer ton esprit de sciences
escrites aux cabinets par une théorique imaginative ou
crochetées de quelque livre escrit par imagination de
veux qui n'ont rien practiqué.   BERNARD PALISSY.

Premiere Livraison.

MAI.

PARIS

AU BUREAU DE SOUSCRIPTION,

RUE CHRISTINE, 10.

—

1839

TABLE.

—

———

La Bibliothèque du propriétaire rural et de la ménagère paraît régulièrement tous les mois en un cahier grand in-12 de 72 pages d'impression en caractères neufs, avec ou sans planches selon l'exigence du sujet, mais de manière à ce qu'il y en ait au moins six par année.

Les douze cahiers formeront 2 volumes de 432 pages chacun, avec titres et tables raisonnées.

Le prix de l'abonnement est de DIX FRANCS par année, et DOUZE FRANCS par la poste.

On souscrit à Paris, au Bureau, rue Christine, no 10. C'est là que toutes les lettres d'avis, l'argent, les demandes et réclamations doivent être adressés *franc de port.*

Les personnes qui désirent donner de la publicité aux découvertes, expériences ou observations, ainsi qu'aux ouvrages imprimés ou mémoires inédits qui entrent dans le plan de la Bibliothèque du propriétaire rural et de la ménagère, doivent adresser, également *franc de port,* leurs notes et *un seul* exemplaire de leurs volumes, dessins ou gravures, à M. Thibaut de Berneaud, rue du Cherche-Midi, no 30, à Paris.

BIBLIOTHÈQUE

DU

PROPRIÉTAIRE RURAL

ET

DE LA MÉNAGÈRE

OFFRANT

par l'application des recherches scientifiques aux progrès
de l'économie rurale, domestique et industrielle,
les moyens de satisfaire à tous les besoins
actuels de la société.

PAR

Arsenne Thiébaut de Berneaud.

Te donnes garde de enyvrer ton esprit de sciences
escrites aux cabinets par une théorique imaginative ou
crochetées de quelque livre escrit par imagination de
ceux qui n'ont rien practiqué.   BERNARD PALISSY.

Quatrième Livraison.

AOUT.

PARIS

AU BUREAU DE SOUSCRIPTION,

RUE CHRISTINE, 10.

1839

Avec ce cahier nous donnons le frontispice de notr
Bibliothèque, et la première planche, représentant l
vigne des Palus de l'Entre-deux-Mers. Comme on le voi
ces deux planches formeront avec les suivantes Atlas sé
paré. De la sorte nos planches comporteront tout le déve
loppement nécessaire à leur intelligence et pourront êtr
consultées plus aisément en lisant le texte.

Ces deux planches sont dues au burin de Mlle Uran
Thiébaut de Berneaud, qui s'est également chargée d
dessin et de la gravure de toutes les autres planches.

-o-⊙-o-

TABLE DES TROIS CAHIERS PRÉCÉDENTS.

Imprimerie de Mme Poussin, rue Mignon, 2.

TABLE.

La Bibliothèque du propriétaire rural et de la ménagère paraît régulièrement tous les mois en un cahier grand in-12 de 72 pages d'impression en caractères neufs, avec ou sans planches selon l'exigence du sujet, mais de manière à ce qu'il y en ait au moins six par année.

Les douze cahiers formeront 2 volumes de 432 pages chacun, avec titres et tables raisonnées.

Le prix de l'abonnement est de DIX FRANCS par année, et DOUZE FRANCS par la poste.

On souscrit à Paris, au Bureau, rue Christine, n° 10. C'est là que toutes les lettres d'avis, l'argent, les demandes et réclamations doivent être adressés *franc de port*.

Les personnes qui désirent donner de la publicité aux découvertes, expériences ou observations, ainsi qu'aux ouvrages imprimés ou mémoires inédits qui entrent dans le plan de la Bibliothèque du propriétaire rural et de la ménagère, doivent adresser, également *franc de port*, leurs notes et *un seul* exemplaire de leurs volumes, dessins ou gravures, à M. Thiébaut de Berneaud, rue du Cherche-Midi, n° 30, à Paris.

BIBBIOTHÈQUE

DU

PROPRIÉTAIRE RURAL ET DE LA MÉNAGÈRE.

ANNÉE 1839. — N^{os} I à VI.

La Bibliothèque du propriétaire rural et de la ménagère paraît régulièrement tous les mois en un cahier grand in-12 de 72 pages d'impression en caractères neufs, avec ou sans planches selon l'exigence du sujet, mais de manière à ce qu'il y en ait au moins six par année.

Les douze cahiers formeront 2 volumes de 432 pages chacun, avec titres et tables raisonnées.

Le prix de l'abonnement est de DIX FRANCS par année, et DOUZE FRANCS par la poste.

On souscrit à Paris, au Bureau, rue Christine, n° 10. C'est là que toutes les lettres d'avis, l'argent, les demandes et réclamations doivent être adressés *franc de port*.

Les personnes qui désirent donner de la publicité aux découvertes, expériences ou observations, ainsi qu'aux ouvrages imprimés ou mémoires inédits qui entrent dans le plan de la Bibliothèque du propriétaire rural et de la ménagère doivent adresser, également *franc de port*, leurs notes et *un seul* exemplaire de leurs volumes, dessins ou gravures, à M. Thiébaut de Berneaud, rue du Cherche-Midi, n° 30, à Paris.

Imprimerie de Mme Poussin, rue Mignon, 2.

BIBLIOTHÈQUE

DU

PROPRIÉTAIRE RURAL

ET

DE LA MÉNAGÈRE

OFFRANT

par l'application des recherches scientifiques aux progrès
de l'économie rurale, domestique et industrielle,
les moyens de satisfaire à tous les besoins
actuels de la société.

PAR

Arsenne Thiébaut de Berneaud.

> Te donnes garde de enyvrer ton esprit de sciences
> escrites aux cabinets par une théorique imaginative ou
> crochetées de quelque livre escrit par imagination de
> ceux qui n'ont rien practiqué.   Bernard Palissy.

TOME PREMIER.

PARIS

AU BUREAU DE SOUSCRIPTION,

RUE CHRISTINE, 10.

1839

INTRODUCTION.

———

Sapientibus et insipientibus debitor sum.
(Je m'adresse autant à ceux qui ne savent point
qu'à ceux qui savent.)
Paul, aux Romains.

C'est au moment où la Science croit devoir, pour
s'isoler, formuler par des chiffres tous les faits
qu'elle découvre, et les rendre par conséquent
inintelligibles et sans profit au plus grand nombre :
c'est au moment où l'Agriculture de laboratoire [1]
menace d'envahir le domaine du premier des arts,
que nous éprouvons le besoin de reprendre la
plume, et de venir porter un large flambeau lu-
mineux chez le laboureur et le fermier, de parler
au grand cultivateur comme au plus mince horticole, à la ménagère, aux bergers, à la fille de
basse-cour le langage simple et vrai qu'ils aiment
à entendre, comme aussi de leur apprendre l'art
si noble, si généreux de marier ses propres intérêts
avec ceux de la maison rurale, de la famille et de
la patrie, dont le nom et la voix sont toujours si
puissants sur tout cœur né français. La richesse

---

[1] Caractérisons-la : c'est un mélange de physiologie végétale
microscopique, de physique et d'une dose sur-dominante de
chimie. Son langage se réduit à des formules algébriques ; son
but de faire plus que la charrue, plus que l'expérience acquise
par la pratique. Fera-t-elle produire davantage à la terre sans trop
la fatiguer ? Le bénéfice qu'elle nous promet, dans ses pompeux
calculs, nous rendra-t-il au moins une petite portion des valeurs
que nous aurons enfouies d'après ses conseils ? Je ne le pense pas :
le temps, notre grand maître à tous, confirmera cette sentence.

homie qui distingue Olivier de Serres et Rozier : c'est pourquoi nous exprimerons notre pensée tout entière; nous dirons sans cesse la vérité, sans aigreur comme sans prévention, parce que l'homme des champs aime à l'entendre; et, de même que le génie extraordinaire à qui nous avons emprunté l'épigraphe placée en tête de ce premier volume, nous dirons hautement que *les secrets de l'agriculture, comme aussi les sciences qui servent communément à toute la république, ne doivent estre celez.* Notre but est de contribuer à la prospérité de la maison rurale, d'en rendre le séjour doux et cher, d'éclairer ceux de ses enfants qu'un sot orgueil, que les fallacieuses promesses d'une turbulente ambition entraînent à déserter le foyer domestique, à changer l'honorable indépendance qu'assurent les travaux champêtres contre le servilisme des villes et les déceptions d'une vaine gloire; contre les séductions d'un pouvoir envieux de tout user, de tout avilir, et contre le besoin des mauvaises passions, qui amènent toujours à leur suite la ruine des familles, la honte et l'infamie.

Façonné dès notre enfance à la vie active de la culture et des voyages, à sentir profondément tout ce que la profession du Laboureur a de noble et de respectable, nous voyons le bien qu'il faut faire, les préjugés nuisibles qu'il importe de frapper et d'anéantir, les travers qu'il est urgent de stigmatiser pour rendre tout son lustre à la classe qui nourrit l'État, qui conserve et honore ses institutions, qui leur sert de rempart et qui décide de leur longue durée. Pour y parvenir, voici le plan que nous adoptons ; c'est celui de nos deux précédents Recueils. Chacun de nos volumes est donc divisé en six sections, savoir :

1° L'Économie rurale,
2° L'Économie domestique,
3° L'Économie animale,
4° Les Sciences d'application,
5° Les Arts industriels,
6° Et les Variétés.

Sous le titre de ÉCONOMIE RURALE nous traiterons de la culture des terres, de l'examen de leurs qualités, des productions qui leur conviennent et des procédés à suivre, à changer ou bien à conserver pour les gouverner. La vigne y sera considérée dans ses diverses variétés et dans les simplifications ou améliorations qu'elle est suceptible de recevoir. Nous dirons ce qu'exigent les diverses natures de prairies naturelles et artificielles, la manipulation bien entendue des engrais, des amendements et des composts, la construction la plus commode et la plus solide des habitations rurales, ainsi que les meilleures distributions à leur donner selon les localités et la fortune actuelle du propriétaire. Les eaux courantes et stagnantes, les canaux d'irrigation, les viviers et les fontaines ; les machines, en tant qu'elles apportent d'heureuses modifications dans nos pratiques, qu'elles remplacent les bras des hommes et leurs patients auxiliaires partout où il y a danger pour la santé ; tout ce qui regarde, en un mot, l'agriculture pratique, les soins du potager, l'agrément du jardin, l'éducation des animaux domestiques et la conservation des bonnes races indigènes, acclimatées ou bien utiles à introduire en France, trouvera place dans cette première partie de notre ouvrage.

Comme appendice, et sous la rubrique *Nouvelles agronomiques*, nous rassemblerons les extraits de notre correspondance, des écrits récents, des journaux de France ou de l'étranger, et les documents que nous lirons aux actes des Sociétés d'agriculture et des sciences. Ces notes, souvent le germe de découvertes, d'améliorations importantes, d'idées nouvelles, demeurent inconnues à presque tous les propriétaires et cultivateurs. Doit-on les en accuser? ont-ils le loisir de lire toutes les feuilles périodiques, les nombreux recueils de sciences, les volumes et cette masse de brochures qui s'impriment chaque jour? Et, quand ils le voudraient, sont-ils dans une position convenable pour les connaître, pour les saisir au moment même de leur publication? Notre tâche à nous est de les rechercher, de les dépouiller de tout l'attirail pompeux de phrases et de considérations qui leur donne de l'ampleur, de les vivifier par des rapprochements propres à donner à leur expression une valeur morale, en un mot, de les réduire à l'utile.

A l'article *Culture d'agrément* nous montrerons à l'amateur les plantes rares que le botaniste-voyageur va demander aux climats lointains ou que l'horticole patient arrive à créer; nous lui dirons ce qu'il devra faire pour les obtenir, les conserver, les multiplier, et satisfaire de la sorte son amour-propre ou sa curiosité.

Dans la section intitulée Économie domestique la ménagère trouvera les procédés qui pourront l'intéresser, étendre les jouissances de l'administration rurale et servir positivement au mieux-être des personnes placées sous sa tutelle bienveillante.

Le cultivateur, le berger, le pâtre, le simple nourrisseur recevront dans la section de l'Économie animale des instructions simples sur les soins à donner aux animaux pour les entretenir en bonne santé, pour les soulager quand ils sont affectés de maladies, pour bien comprendre les avis du médecin-vétérinaire et l'aider à les guérir promptement et radicalement. Nous y joindrons parfois aussi des articles de *Hygiène domestique* avoués par la science et dictés par la pratique de médecins recommandables.

Nous choisirons dans les fastes de la Science tout ce que les travaux des savants pourront nous offrir en botanique, entomologie, géologie, chimie, physique, etc., pour conquérir de nouvelles richesses, étendre nos ressources, mieux connaître les mœurs et habitudes des insectes utiles ou nuisibles, la nature des substances que nous employons, des terres que nous cultivons, etc.

De même les Arts industriels, en leurs spéculations mercantiles ou scientifiques, nous mettront en état d'opérer d'utiles changements dans nos outils et instruments, de simplifier nos procédés économiques, d'en adopter de nouveaux, de tirer de l'avantage d'objets que nous négligeons, que nous dédaignons aujourd'hui, d'introduire dans notre intérieur des produits de nature à y remplir de grandes lacunes ou bien à développer l'aisance, amie de l'ordre et juste récompense des sueurs.

Enfin la section intitulée Variétés présentera 1° le texte des lois rurales, afin que chacun sache ce qu'il est permis de faire et ce que l'intérêt de tous rend prohibitif (la loi seule a le droit de parler souverainement, à elle seule nous devons une entière soumission; respect à ses organes, mais aucune complaisance servile); 2° l'examen des actes ou projets du gouvernement concernant l'agiculture, la police des champs, les droits de la propriété, etc.; 3° la nécrologie des hommes qui ont rendu des services signalés aux sciences traitées en notre Recueil, ou dont les écrits ou les heureux procédés commandent la reconnaissance publique; 4° les phénomènes de la nature et les observations météorologiques; 5° l'analyse exacte et impartiale des ouvrages nouveaux sur les diverses branches de l'économie rurale et domestique, ainsi que sur les sciences et les arts qui s'y rattachent nécessairement. Heureux quand ils nous obligeront à donner à leurs auteurs des éloges ou des encouragements!

Jamais, en nos remarques ou les critiques que nous serons dans le cas de faire, rien n'autorisera à dire que l'envie ou le besoin de nuire, comme chez les hommes gagés ou les sicaires de parti,

Cache sous un miel pur la pointe de nos traits.

Des planches, exécutées avec soin, accompagneront le texte de tous les articles qui nécessiteront cet auxiliaire pour mieux parler aux yeux et pour complaire à une juste curiosité.

Comme on le voit, nous avons besoin du concours de tous les vrais amis de l'Agriculture, de tous les hommes instruits, pour accomplir dignement la tâche que nous nous imposons. Nous l'appelons ce concours de tous nos vœux; nous recevrons avec reconnaissance toutes les sortes de renseignements que le patriotisme dira de nous fournir, nous répondrons à toutes les questions qui pourront nous être faites sur un sujet quelconque de notre entreprise; nous tâcherons de dissiper les doutes, de montrer l'erreur, d'indiquer les routes à suivre pour l'éviter ou la combattre. Le moindre fait sur l'objet le plus vulgaire sera toujours accueilli pourvu qu'il porte avec lui le germe d'une application facile, peu ou point coûteuse, et qu'il soit le résultat d'une expérience ou d'une pratique plus au moins longue. Les rêveries d'une théorie aventureuse seront seules écartées.

Nous voulons être utile et en même temps agréable. Quant à notre ambition, Castel, en son *Poëme des plantes,* l'a résumée dans ces vers :

> Nos désirs ne vont pas au-delà du vallon
> Où le soleil naissant éclaire ma maison,
> Du jardin rafraîchi par l'eau de la colline
> Et de l'ombrage épais de la forêt voisine.

THIÉBAUT DE BERNEAUD.

Qui studium agricolationi dederit, antiquissima sciat hæc sibi advocanda, prudentiam rei, facultatem impendendi, voluntatem agendi.

(Quiconque veut se livrer aux opérations agricoles doit posséder trois choses de tout temps reconnues importantes : la connaissance de l'art, les moyens d'exécution et la volonté d'agir par soi-même.)

COLUMELLA, *de Re rusticâ*, I, 1.

BIBLIOTHÈQUE

DU

PROPRIÉTAIRE RURAL

ET

DE LA MÉNAGÈRE.

ÉCONOMIE RURALE.

—

Résumé des tentatives faites jusqu'ici pour introduire en nos cultures la Renouée teinturière *de la* Chine.

La Renouée teinturière, appelée par les botanistes *Polygonum tinctorium*, est une plante herbacée congénère de deux espèces indigènes : l'une, la Renouée des oiseaux, *P. aviculare*, que nous nommons vulgairement *Trainasse*, et que l'on trouve trop abondamment dans nos champs; l'autre, la Renouée persicaire, *P. persicaria*, commune dans tous les fossés et les lieux humides. Originaire des contrées orientales de l'Asie, la Renouée teinturière est cultivée de temps immémorial à la Cochinchine et chez les Chinois, pour extraire du parenchyme de ses petites feuilles une fécule bleue aussi belle, aussi solide que celle de l'indigo. La tige rameuse, qui s'élève d'une racine vivace, fusiforme, assez forte, dont les fibrilles multipliées demeurent éta-

lées presque à la surface du sol, parvient à soixante
et soixante-dix centimètres; elle présente quelques
articulations très-marquées, d'où sortent des petites racines adventives s'accrochant aux plantes
voisines, ou bien obligeant la tige à ramper sur le
sol. Les feuilles, d'un vert foncé, montent en spirale, sont alternes, ovales, épaisses; les fleurs,
d'un rose vif ou rouge, disposées en épis, ressemblent beaucoup à celles du Poivre d'eau, *Polygonum hydropiper,* qui pullule dans les rigoles de nos
prés; elles s'épanouissent en juin, et donnent naissance à une capsule monosperme dont la semence, couverte d'une arille [1], est mûre en août,
et ne paraît point conserver ses propriétés germinatives au-delà de la deuxième année de la récolte.

Cette plante exotique, introduite en Europe,
vers le milieu de 1776, par l'Anglais John Blake,
est demeurée pendant soixante ans, et sans exciter la plus légère attention, confinée sur les
plates-bandes des jardins de botanique, malgré la
remarque faite en 1790 par Loureiro, dans sa
Flore de la Cochinchine, qu'elle était employée par
les naturels pour teindre les étoffes en vert, et surtout en très-beau bleu. Ce ne fut qu'en 1816 qu'on
la signala comme plante utile. Les essais de culture
furent lents, et seulement en 1836 on l'a vue adoptée par quelques propriétaires curieux. Depuis trois

---

[1] C'est-à-dire d'une enveloppe, semblable à un réseau dont les
mailles sont plus ou moins rapprochées, qui recouvre la tunique
propre de la semence.

ans on travaille avec une sorte d'accès fébrile à la multiplier partout, on la prône comme une merveille, on veut à toute force persuader de l'inscrire au nombre de nos plantes tinctoriales et même la placer en tête de toutes. Examinons de sang-froid si les espérances dont on nous flatte se réaliseront positivement un jour.

« Toutes les terres, toutes les expositions, même
« les sols très-secs, conviennent à la Renouée tein-
« turière », disent ceux qui poussent à son adoption. Nos observations la limitent aux lieux un peu ombragés. Sur les sols argileux et forts ses tiges sont rares, grêles, ses feuilles infiniment éparses et maigres. Elles se montrent mieux nourries dans les terres sablonneuses, légèrement humides, convenablement engraissées, et auxquelles on a soin de donner plusieurs façons afin de les purger de toutes les herbes qu'on est dans l'usage de regarder comme nuisibles.

On sème à la mi-mars ; la graine lève au bout de quatre à six semaines. On repique les jeunes plants lorsqu'ils ont quatre ou cinq feuilles, en conservant entre chacun un espace de soixante centimètres en tout sens. Du moment que la tige est parvenue à trente-deux centimètres d'élévation, les feuilles, surtout si l'on a eu soin de les arroser constamment (et plusieurs fois par jour quand le temps est chaud et la terre sèche) avec du jus de fumier aussitôt qu'elles ont commencé à poindre, sont susceptibles d'être cueillies jusqu'au milieu de septembre, et même jusqu'aux premières gelées. On en laisse seulement quelques-unes au sommet pour maintenir la végétation dans une certaine vigueur, et l'on prend bien garde d'endommager la tige soit avec l'ongle, soit avec l'instrument tranchant que l'on emploie à cet effet quand on veut faire promptement la cueillette.

Dans les contrées méridionales, après la récolte des semences, de nouvelles fleurs se développent un peu plus bas que les précédentes; elles donnent graines en septembre. Une troisième récolte a lieu plus bas encore sur les mêmes tiges en octobre, et même une quatrième dans les premiers jours de novembre, toujours à la suite d'une nouvelle floraison. Alors on coupe la tige à cinquante millimètres du collet [1], et l'on attend la jeune pousse de l'année suivante pour la traiter de même et l'arracher pour faire servir ses débris à augmenter la masse des engrais végétaux. Il faut ne pas oublier d'arroser abondamment avec le jus de fumier, si l'on veut obtenir de beaux et bons résultats.

Tels sont les soins minutieux et exigeants que réclame la plante vantée. Voyons la récompense qu'elle promet en échange au cultivateur.

Depuis longues années on savait que diverses espèces du genre Renouée, le *Polygonum* de Linné,

---

[1] On nomme ainsi le point intermédiaire qui unit la tige à la racine. Lamarck l'appelle ingénieusement le *Nœud vital*. Il est marqué par une sorte de constriction horizontale ou *coarcture*, comme la désignait Grew, qui le premier la remarqua.

présentaient des ressources à la teinture pour la couleur jaune et le mordoré [1], et qu'on pouvait obtenir des feuilles de la Renouée des oiseaux (*P. aviculare*) et de la Renouée barbue (*P. barbatum*) une couleur bleue fort belle et très-solide. Cependant aucune espèce ne paraît plus précieuse, sous ce point de vue, que la Renouée teinturière : la matière colorante n'existe 'pas seulement dans le tissu cellulaire de ses feuilles fraîches, dans leurs nervures et leur pétiole, mais encore, en moins grande quantité il est vrai, dans les tiges, quoique l'on ait soutenu le contraire. On avait annoncé que les feuilles sèches donnaient aussi de la fécule: tous les essais faits sur ces feuilles, séchées naturellement ou bien artificiellement, ont démontré qu'elles n'en contiennent plus, et même que cette substance diminue sensiblement dans toutes les parties de la plante à partir de l'époque de la floraison.

Quand les feuilles sont recueillies fraîches et entièrement développées, on les expose quelques heures au soleil, afin qu'elles perdent la plus grande quantité possible de leur eau de végétation; on les incise, disons mieux, on les écrase entre les doigts, puis on les dépose dans un cuvier cylindrique où des baguettes de sarment écorcées, ou des claies d'osier les obligent à rester au fond ; on verse

---

[1] Le jaune d'or se retire des feuilles du Poivre d'eau (*P. hydropiper*), le jaune rougeâtre de celle de la Renouée persicaire, (*P. persicaria*), le mordoré et la couleur de castor de l'écorce de la Renouée à larges feuilles (*P. latifolium*).

dessus de l'eau chauffée à quatre-vingt degrés centigrades, et, après deux heures de fermentation, on
agite fortement le liquide, en le laissant tomber
d'une certaine hauteur d'un vase dans un autre,
pour aider de plus en plus à la précipitation de la
fécule. On cesse le battage du moment que les
écumes, d'abord d'un bleu d'azur, deviennent par
le repos d'un bleu sale et grisâtre [1]. Si l'on emploie de l'eau portée à cinquante degrés centigrades,
il faut n'opérer le transvasement que le deuxième
jour. En Chine on recueille les feuilles qui commencent à se rider, on les jette aussitôt dans de
grands seaux en bois ou des jarres de terre remplis d'eau. Durant sept jours la macération a lieu ;
l'on additionne au liquide un kilogramme de chaux
par chaque cinquante kilogrammes de feuilles. Une
couleur jaune se manifeste alors : on bat, et bientôt après elle se montre bleue pour passer ensuite
au violet. Quand l'opération se fait au moyen de
l'eau bouillante, on y laisse feuilles et tiges, de
dix-huit à vingt heures [2]. Par l'un ou l'autre de
ces procédés on obtient trente grammes d'un bel

[1] On traite aussi par la chaux ou tout autre alcali (tels que la
potasse, la baryte, l'ammoniaque, etc.) pour hâter la précipitation ; mais il faut ensuite débarrasser la fécule de la chaux par
l'acide sulfurique ou hydrochlorique, et la purifier par des la-
vages à l'eau froide.

[2] On a proposé de jeter de l'eau chaude sur les feuilles, de
les laisser en contact pendant douze heures, et de répéter trois
fois le même traitement par l'eau chaude pour épuiser entièrement la matière colorante ; puis d'ajouter dans le liquide obtenu un centième d'acide sulfurique.

indigo pour chaque kilogramme de feuilles, qu'il faut abriter contre l'influence de l'air.

«Passons maintenant aux résultats offerts par la culture de la Renouée teinturière dans nos divers départements. Les semis retardés ne réussissent pas, comme on l'a vu dans le département de la Haute-Vienne; quand le mois de mai est froid ou pluvieux, comme nous l'avons eu cette année, la germination est lente, difficile, précaire. Les jeunes plants ont gelé dans les départements de la Meurthe et des Vosges. Ils prospèrent dans les terres cultivées du Midi, où les irrigations se trouvent adoptées, avec plus de certitude que vers le Nord, quoiqu'on en ait vu de très-beaux individus, dans des jardins ou terrains privilégiés, aux environs de Paris, et qu'ils promettent de venir fort bien dans le département du Haut-Rhin, surtout aux environs de Mulhouse, où l'industrie manufacturière est particulièrement intéressée à la conquête de cette plante indigofère.

Sommes-nous autorisés par ces premiers essais, par les quelques succès obtenus jusqu'ici pour l'introduction de la Renouée exotique en France, à négliger les deux espèces indigènes indiquées plus haut et à laisser perdre la culture du Pastel (*Isatis tinctoria*)? A-t-on oublié que le Pastel nous appartient, qu'il vit en pleine terre sur tous les points de notre pays, depuis les côtes maritimes jusqu'au pied des hautes montagnes, qu'il ne redoute point les plus fortes gelées, que les Celtes et les Gaulois, nos aïeux, le cultivaient avec plaisir pour l'usage de la teinture en bleu, qu'ils le firent connaître aux Romains, et que sa fécule, traitée convenablement, donne une couleur de bon aloi, superbe et solide? Les améliorations apportées dans sa préparation de 1810 à 1814 ont fourni la preuve la mieux acquise que notre indigo national peut lutter sans peine contre les indigos du Bengale et de tout l'Orient. Tâchons de nous approprier la Renouée teinturière, je le veux bien, travaillons à l'acclimater, ce qui sera long encore; c'est la tâche du riche, qui peut perdre sans se ruiner; mais pensons qu'il est honteux de voir chômer, j'allais écrire de voir se perdre une spéculation agricole et industrielle aussi simple, aussi facile, aussi heureuse que celle du Pastel. Il ne faut point se laisser séduire par des calculs faits sur une petite surface, ni les admettre comme résultats infaillibles : quand on aventure des bénéfices certains pour céder aux sollicitations pressantes des amateurs et des curieux de nouveautés, loin de faire preuve de patriotisme et d'amour pour sa famille, on dégoûte des choses essentiellement utiles. Donnez un coin aux méthodes nouvelles, essayez-les longtemps, jugez-les de sang-froid sans prévention ni enthousiasme, et lorsque vous aurez acquis la certitude du mieux, agrandissez le cadre, marchez dans la voie du progrès; et, maintenant qu'il est réel à vos yeux, sachez le rendre durable. Vos enfants vous béniront d'avoir augmenté le capital et le revenu de l'exploitation que vous leur transmettrez.

Recherches statistiques sur les OASIS FRANÇAISES.

J'appelle *Oasis françaises* les localités plus ou moins étendues et privilégiées où la main active de l'humaine industrie est venue, malgré l'incertitude d'un prochain succès, asseoir pour toujours une végétation active, vigoureuse et le plus souvent renouvelée sur des masses de sables fins, siliceux, mouvants, laissés derrière lui par l'Océan quand il quitta le sol qu'il envahissait autrefois, ou qu'il dépose encore sur les plages de nos départements maritimes pour, plus tard, les envahir de nouveau. J'emprunte le mot *Oasis* aux vallées africaines que, dans leur langage tout poétique, les vieux Grecs comparaient à des îles de verdure élevées au-dessus d'une terre condamnée à la plus triste stérilité. Le rapprochement des *Oasis françaises* avec celles que le voyageur est heureux de trouver dans les immenses déserts sans cesse tourmentés par le semoûn et qui sont situés à l'ouest du Nil, derrière la chaîne des monts de la Libye, me paraît d'autant plus convenable et sensible que ces steppes en miniature sont, comme eux, enveloppées d'une mer de sable, que sur ces terres de désolation la bruyère cendrée peut seule soutenir une débile existence. Elles offrent aussi, d'une part, les principes d'une fécondité semblable à celle conquise par les cultivateurs des Oasis de l'Afrique, du moment que l'agricole industrie les exploite, les entretient par le travail et qu'elle sait profiter de la présence de quelques sources pures ou d'eaux souterraines placées non loin d'elles.

Quand on visite une Oasis quelconque, il est impossible de nier les miracles sortis de la main des hommes, et de ne pas charger d'imprécations les habitants des pays qui croupissent dans la misère, et qui, façonnés aux habitudes de l'esclavage, de la paresse et de l'ignorance ne font rien pour en sortir. Que ces êtres, indignes de la qualité de Français, recueillent la punition de leur coupable insouciance, c'est justice : on ne peut plaindre celui qui souffre quand on sait que sa souffrance vient de ce qu'il redoute le travail ; il n'y a de pitié que pour l'infirme, la faiblesse et le vieillard ; à eux seuls appartiennent nos secours.

Déroulons le tableau riant de nos Oasis et prenons plaisir à les offrir en exemple : c'est le moyen d'amener à les visiter, et à les imiter partout où la nature semble nous défier. Nous commencerons par le sud-ouest, pour remonter vers l'est, en suivant les côtes de l'Océan.

Arjuzan. — Sur le vaste plateau qui, des rives de l'Adour torrentueux, s'étend à celles de la Gironde, tourmentées par une marée le plus ordinairement orageuse, et qui des plages de l'Océan s'arrête aux sources des deux ruisseaux le Ciron et l'Estampon, lequel n'offre à l'œil attristé qu'une nappe de sables, quelques îlots se détachent pour annoncer une ancienne population, attester l'amour du travail et

une culture florissante. On s'y rend avec joie. L'argile entr'ouverte laisse sourdre des fontaines abondantes. Le chêne à grappes, le tauzin, l'orme
subéreux, l'yeuse, placés dans leur vosinage,
y deviennent très-vigoureux et fournissent une
douce retraite aux chantres des bois, aux bestiaux
et à leurs gardiens. La vigne y donne un vin qui
le dispute aux meilleures cuvées de la Chalosse,
département des Landes. L'homme lui-même se
montre sur ces petites Oasis, dont la plus importante est celle d'Arjuzan (arrondissement de Mont-
de-Marsan), d'une stature plus haute que les autres
Landais; ses membres bien fournis, sa constitution
robuste, son teint animé le distinguent entre tous;
ses chants rustiques respirent le bonheur et la
gaieté; tout dans ce canton, arraché par l'active
industrie à la misère générale des alentours, contraste singlièrement avec le pays habité par le
sombre Lanusquet, chargé de haillons et dont
l'âme est inaccessible aux tendres émotions.

Tusan. — Derrière les pignadas de Saint-Sym-
phorien, même département, et au milieu d'une
immense plaine de sable, Tusan offre une Oasis
des plus remarquables. Les champs, semés en
seigle d'une rare beauté, y marient sans cesse
leurs onduleux balancements aux rameaux de superbes arbres fruitiers, tandis que près d'eux de
vastes jardins fournissent toute l'année d'excellents légumes, dont la végétation et la récolte mar-
chent d'un pas égal. Les vautours et les autres ac-
cipitres rôdent par bandes sur les landes; ils n'ap-

prochent point des Oasis, où le travail est de tous
les instants; aussi ces lieux sont-ils chéris des pi-
geons-ramiers, des tourterelles, des cochevis, de
l'intéressant rouge-gorge, et du cujelier, qui remplit l'écho de ses chants harmonieux, tout en se
balançant dans les airs. La chasse de ces charmants volatiles ajoute quelques mets délicats à la
nourriture habituelle des cultivateurs.

PORT-SAINTE-MARIE. — En entrant dans le département de Lot-et-Garonne, après avoir parcouru le vaste désert des grandes landes, le canton de Port-Sainte-Marie vient, par la puissante
étincelle d'industrie agricole qu'il fait luire à chaque pas, rafraîchir la vue et rasséréner l'âme. Des
terres cultivées avec le plus grand soin présentent
de toutes parts le riant tableau de jardins sans cesse
couverts de la verdure la plus aimable et de productions variées qui se renouvellent deux et même
trois fois dans le courant de l'année. Vous quitte-
riez cette belle Oasis avec un profond regret, si
plus loin vous n'aviez l'espoir d'en visiter une autre encore plus agréable et bien plus surprenante;
elle est située dans le département voisin, celui
de la Gironde, entre la double rive de la Garonne
et de la Dordogne, et se nomme

ENTRE-DEUX-MERS. — Selon quelques auteurs, ce
beau pays a reçu son nom du reflux de l'Océan
qui se fait sentir en remontant assez haut les deux
rivières; selon les autres, parce qu'il est un dépôt
lentement formé par la marée, repoussant sur lui
les terres apportées par les eaux bourbeuses de la

Dordogne et de la Garonne. L'étymologie la plus vraie est, à mon sens, puisée dans une expression familière au sud-ouest de la France, celle d'appeler *Mer* la nappe d'eau de l'un et l'autre fleuve, et *Grande mer* l'Océan. L'Oasis ne comprend pas tous les pays dits *Entre-deux-Mers*; elle n'occupe que le gracieux triangle qui a pour sommet la pointe de terre formée par la jonction des deux rivières, au lieu dit Bec-d'Ambès, et dont la base repose à peu près sur la nouvelle route unissant aujourd'hui Libourne à Bordeaux. Elle offre un singulier contraste avec les pays voisins. Au nord, des landes et des terres stériles la séparent du département de la Charente-Inférieure; à l'est, c'est l'âpre et noir pays où l'on trouve le plus de truffes; au sud, les grandes landes que nous avons quittées en traversant la Garonne et qui vont s'arrêter au pied des Pyrénées; à l'ouest, encore des landes et ces montagnes sablonneuses, perfidement mouvantes, appelée *Dunes,* qu'on devrait croire amoncelées pour servir de digue à la mer, tandis qu'elles servent, au contraire, de précurseurs à ses ravages par la coupable incurie que l'on apporte à ne pas les planter, comme le conseillait Brémontier.

Dans l'Oasis, ou, si l'on aime mieux, le delta d'Entre-deux-Mers, la nature semble avoir pris plaisir de récompenser les travaux de l'industrie agricole en y entassant toutes les richesses d'une végétation magique. Près de gras pâturages et de terres qui rendent de 15 à 20 pour 1 naissent ces arbustes précieux dont le vin jouit seul de la double propriété de supporter les voyages de long cours et de se bonifier par le roulis des vaisseaux voguant sur le vaste Océan. Toutes les cultures y prospèrent, la même terre peut en réunir plusieurs sortes et même toutes à la fois, les propriétés s'y trouvant aux mains d'une population active, qui se presse et multiplie parce qu'elle est heureuse et attachée au sol qu'elle vivifie; pas un pauvre, pas un mendiant; ici chaque individu a sa part du terrain qui doit le nourrir.

Ce n'est pas d'aujourd'hui seulement que date l'existence du beau pays de l'Entre-deux-Mers; aussi loin que la mémoire de l'homme peut remonter à travers l'obscurité profonde des siècles de barbarie, ses habitants ont joui de l'indépendance que leur procurait l'heureuse fécondité de leur sol. Ils étaient déjà libres au 8e siècle de l'ère vulgaire; ils ont su le rester à travers les âges de fer de la féodalité; chez eux on ne connut point ces grands vassaux dont la puissance écrasait quiconque osait secouer le joug. Les antiquaires parlent bien d'un château de Mont-Ferrand comme preuve du contraire, mais qu'on me dise où il s'élevait, qu'on me montre ses ruines et j'y croirai : jusque-là son existence est plus que problématique.

Du milieu des plaines de l'Oasis, de même que du sommet des riants coteaux qui ferment ses abords, surtout des hauteurs de Saint-Loubès, on domine la double rive des deux fleuves que sillonnent sans cesse des barques de toutes les dimensions, surmontées de leurs voiles blanches; on contemple à ses pieds les vastes champs fécondés par un travail de tous les instants, et çà et là on aperçoit tantôt isolées, tantôt groupées de nombreuses habitations de campagne, non pas noires, hideuses, ou bien entassées derrière des tas de fumier et couvertes en chaume comme on en voit trop souvent dans les villages, mais gracieuses, entourées d'ombrages tutélaires, dans le voisinage d'une eau bonne à boire; la toiture est en grandes tuiles, l'intérieur commodément distribué, et meublé de même.

De ce point mesure-t-on l'espace? ici l'on remarque le pont gigantesque et suspendu de Cubzac; plus loin le tertre pittoresque de Fronsac, où maintenant un humble métayer habite avec sa famille et ses troupeaux, la place où Charlemagne, vainqueur des Sarrasins, s'arrêta pour y construire une des premières forteresses que devait élever la Gaule régénérée. A l'horizon l'œil embrasse une suite non interrompue de coteaux qui s'enfoncent de plus en plus et finissent par se confondre avec la masse bleuâtre du ciel : leurs croupes gracieuses sont chargées de petites villes et de villages, d'une verdure très-variée, et plus bas on trouve des grottes taillées dans le calcaire.

Sur cet espace de quatre myriamètres carrés, autrefois occupé par une immense et gigantesque forêt, la charrue et la bêche ne laissent pas un millimètre de terre inculte; il n'y a pas même un seul hectare d'arbres agglomérés ensemble en boquetaux; les bords des fossés et des chemins sont les parties uniques où le cultivateur leur permet de développer librement leur noble végétation, et cependant il trouve en eux assez de verdure pour récréer ses yeux, assez d'ombrage pour ses troupeaux, assez de bois pour son foyer.

Il nous faut quitter cette terre du travail et gagner le département de la Vienne, où, sur le bord de la Lauvigne, à seize kilomètres de Chatellerault, nous trouverons une bourgade digne de fixer toute notre attention. Elle est appelée

Lencloistre. — Ses alentours offrent, dans une étendue de deux myriamètres environ, un véritable jardin-maraîcher. Les pois, les fèves, les haricots, les choux, l'ail, les melons, l'ognon, le porreau, les carottes, la laitue, la betterave et le céleri, que l'on y soigne, succèdent tantôt à la culture du chanvre, l'une des principales ressources du pays; tantôt au navet, qu'on y voit acquérir un volume et une beauté remarquables; tantôt au froment, dont les récoltes sont constamment abondantes et la qualité du grain excellent. Aucune haie ne sépare les propriétés; il semble que la terre soit le patrimoine d'une seule famille étroitement unie. Les choux y deviennent si monstrueux qu'on les nomme vulgairement *Chou-quintal*. L'anis ne forme pas ici une culture proprement dite; mais lorsque ses ombelles n'avortent point par l'effet d'une grande chaleur ou par trop prolongée, cette plante, devenue bienne, d'annuelle qu'elle est en Égypte, son pays natal, procure un surcroît de bénéfices fort sensible. Je n'ai pas besoin de dire qu'il s'agit ici de l'espèce appelée par les botanistes *Pimpinella anisum*, et non pas de l'Anis étoilé.

Toute la contrée de Lencloistre est située sur un fond primitivement marécageux, tellement modifié par la culture, qu'il serait à peine reconnaissable sans la présence des tranchées de soixante-cinq centimètres et plus ouvertes de distance en distance pour éviter le triste retour des eaux. Le cultivateur lutte à tout instant contre cette tendance que favorisent la situation topographique de tout le canton, et cette foule de rivulets coulant en hiver à pleins bords, mais qui sont absolument à sec durant l'été. Le pays est de tous les côtés encadré par des coteaux et des plaines sablonneuses.

On ne saurait trop admirer la culture du melon telle que la pratiquent les Lencloistriens ; ils ne font usage ni de couches ni de châssis, ils ne connaissent ni le fumier ni les cloches ; un bon labour et la chaleur atmosphérique, secondés par des arrosements bien entendus, leur suffisent pour obliger leur melonnière à donner une innombrable quantité de fruits de moyenne grosseur, élégamment brodés, délicieux à manger quand ils sont cueillis en temps opportun.

Malgré mes recherches, je n'ai pu remonter à l'époque première où Lencloistre adopta la culture maraîchère ; elle y est fort ancienne, et paraît y avoir été précédée par celle du chanvre. On y éprouva bientôt le besoin d'avoir des légumes et des fruits ; les Maures, alors maîtres de la contrée, créèrent quelques jardins que le temps agrandit, qu'une population active multiplia et que la haute qualité des produits rendit chers aux villes voisines. Les nombreux débouchés ouverts par une réputation justement acquise ont assuré l'aisance de tous les habitants et opéré sur les villages de Boussageau, Cernai, Clairvaux, Colombières, Doussay, Ouzilli et Saint-Genêt une si heureuse révolution qu'aujourd'hui toute la contrée est riante, riche et des plus pittoresques.

De l'ouest passons maintenant au nord-est pour visiter sur les bords de la Vesle, non loin de Châlons-sur-Marne, le bourg de

COURTISOLS. — Colonie horticole fondée sur un des terrains les plus ingrats de l'ancienne Champagne par de pauvres Helvétiens expatriés à la suite d'une longue et désastreuse famine, vers la fin du 17e siècle. Elle est située entre Sainte-Menehould et Châlons. Grâce à des travaux soutenus avec une admirable constance, le travail opiniâtre a forcé la nature à changer d'aspect et à convertir un sol aride en une riante campagne. On vit en quelques années flotter d'abondantes récoltes de toutes les sortes, des prairies verdoyantes et fleuries nourrir de nombreux troupeaux, accourir et se fixer les industrieuses habitantes des ruchers, de riches vergers, des bois pleins de vigueur, de vastes chenevières, et de jolies maisons remplacer un triste hameau jusqu'alors cité parmi les plus pauvres pour son extrême misère et répudier à jamais l'affreuse stérilité du sol.

Descendons auprès de Meaux, dans un vallon

bas et limitrophe de la Marne, et entrons à Varreddes, village dont la population s'élève à 1261
individus.

VARREDDES. — Aucune portion du territoire
n'est demeurée inutile; partout où la main de
l'industrie peut obtenir un produit, il faut le lui
demander; quand on ne néglige pas de solliciter
la terre, elle rapporte beaucoup et avec elle vient
s'associer l'aisance. L'exemple des habitants de ce
village a profité autour d'eux à plus de quinze
kilomètres de distance; c'est un spectacle enchanteur. La principale culture est le chanvre, sans
pour cela qu'on oublie d'exploiter les autres branches de l'économie rurale. Je n'ai vu nulle part
l'art de préparer et de disposer des engrais poussé
aussi loin qu'à Varreddes.

Continuons notre route et nous arriverons à

CHANGY. — Non loin de la ville de Fontainebleau, à l'extrémité de la belle forêt qui porte son
nom et sur un sol formé de débris d'un grès dé-
sagrégé, réduit à l'état de sable, se trouve le petit
village de Changy, où l'on compte à peine cinquante feux et au plus trente-huit hectares d'une
terre première qualité, créée par la main infatigable
du cultivateur le plus patient, sans cesse améliorée
par des engrais bien entendus et par des arrosements ménagés avec art. Depuis un siècle, Changy
fournit des légumes supérieurs aux marchés de
Fontainebleau, de Melun et de Paris. On y mange
du chasselas aussi beau, tout aussi bon que celui
si justement réputé de Thomery. J'y ai vu faire

jusqu'à trois et quatre récoltes dans la même année. Au commencement de février on répand sur le sol les fumages nécessaires aux légumes que l'on va cultiver; on laboure immédiatement après, puis l'on plante et l'on sème. Après une première récolte on en fait deux, trois, et, comme je viens de le dire, jusques à quatre. On unit souvent ensemble deux espèces différentes : l'une est bonne à être vendue quand l'autre commence à s'emparer de toute la place. Les fumiers employés de préférence sont les boues de la ville et la fiente de vache bien consommée.

Si je voulais écouter certains auteurs j'inscrirais ici, sous le nom de *Oasis,* non-seulement les riches vallées d'Auge, département du Calvados, de Nogent-le-Rotrou, département d'Eure-et-Loir, de Montmorency, département de Seine-et-Oise, de Tarbes, de Bagnères, de Baréges, département des Hautes-Pyrénées, et de la Limagne, autrefois si vantée; je citerais encore les pays placés à la rive gauche du Rhin, et la contrée comprise entre l'Indre, le Cher et la Loire; le petit espace qui s'étend entre la levée et le coteau que baigne le grand fleuve sorti du Gerbier des joncs, dans les Cévennes; les bords charmants et pittoresques de la Loire jusqu'à Nantes, et depuis cette ville jusqu'à son embouchure dans l'Océan, entre Paimbeuf et Saint-Mazaire, etc. Ce serait donner une trop grande extension à l'expression grecque, ce serait même la généraliser tellement qu'elle perdrait toute sa valeur, je devrais dire toute sa spécialité.

NOUVELLES AGRONOMIQUES.

—

Presque tous les cultivateurs du département des Landes, principalement ceux des environs de Mont-de-Marsan, gémissent de voir leurs champs dévastés par une innombrable quantité de Courtillières ou Taupe-grillons. Comme les moissons de l'année passée ont singulièrement souffert, ils redoutent de semblables ravages pour les semis confiés à la terre. Aussi nous demandent-ils un moyen pour les détruire. Voici notre réponse. De tous les procédés et prétendus secrets vantés jusqu'ici, l'on peut dire qu'aucun n'atteint le but proposé. Il vaut mieux, avec le fer de la bêche, attendre le fâcheux insecte au commencement de l'été pour le frapper avec certitude, le soir, quand les femelles accourent au chant des mâles pour s'accoupler. On peut aussi placer de distance en distance des vases bien vernissés, profonds, dans lesquels on met un peu de fumier et que l'on tient toujours très-propres afin que les matières étrangères qui viendraient à adhérer sur les parois extérieures ne fournissent pas aux Courtillières des points d'appui pour remonter. C'est auprès des couches, des planches bien fumées, dans les terres meubles, que les Courtillières se rassemblent et consomment l'acte qui doit les multiplier à l'infini.

(S'il faut en croire les entomologistes, le nombre des œufs fournis par une seule femelle s'élève de trois à quatre cents, ce qui me paraît fort exagéré.) Une fois la femelle fécondée, elle creuse un trou à trente-deux centimètres de la superficie du sol : elle y pont ; puis elle sort du nid, en ferme l'entrée, et laisse à la nature le soin de faire le reste. Il faut chercher à découvrir ce trou, enlever la terre remuée, y couler du lait de chaux et remplir jusqu'à l'ouverture. Les parois lisses du nid retiennent ce lait qui brûle les œufs et par conséquent tue la génération entière. Ce double moyen nous a constamment réussi. Les individus tombés au fond des vases se détruisent en versant de ce même lait de chaux : dès que les stigmates ou *trachées* par lesquels ils respirent sont bouchés, l'animal périt sans retour.

Veut-on retarder l'usure et la corrosion que le frottement des terres fait éprouver aux socs et coutres de charrue? Le moyen est très-simple : il consiste à prendre un morceau de fonte de fer (tel qu'un fragment de marmite ou chaudron), à le chauffer à la forge jusqu'au blanc, et, en cet état, à le frotter avec attention contre le fer de la charrue chauffé de même jusqu'au rouge cerise; de sorte qu'une partie du carbone de la fonte se combine avec le fer, et par conséquent convertit en acier au moins la couche extérieure de la pièce. On trempe ensuite comme à l'ordinaire, c'est-à-dire on passe subitement dans une eau froide et pure en y laissant le fer opéré jusqu'à ce qu'il soit entièrement refroidi.

—

Depuis longues années l'Oxalide crénelée (*Oxalis crenata* de Jacquin), quoique originaire des contrées intertropicales, donnait de justes espérances comme plante alimentaire. Quelques heureux essais ayant déterminé à la cultiver en grand et en pleine terre, voici les résultats qu'on en a obtenus. Elle réussit bien dans les terres légères, et y rapporte de nombreux tubercules très-bons, fort délicats, que l'on mange avec plaisir; ils sont de volumes différents, farineux, légèrement sucrés et fort appétissants. Ce n'est pas un aliment propre à entrer dans la consommation journalière de tous, mais c'est un plat de plus à mettre sur la table. On en a vu pour la première fois sur le marché, à Bordeaux, en 1838. Dans un sol substantiel la récolte est plus abondante, mais aussi très-sujette à devenir la proie des Courtillières et de plusieurs larves d'autres insectes; je me suis également aperçu que la chair y est moins agréable et plus grossière. Les feuilles ont une saveur analogue à celle de l'Oseille et ajoutent à nos ressources culinaires; les animaux domestiques trouvent en elles une nourriture verte fort saine, qui leur plaît beaucoup.

—

Le docteur Pallas de Saint-Omer, qui, depuis 1834, s'occupe de l'étude du Maïz, particulièrement sous le rapport du sucre que l'on peut en obtenir, nous apprend que, par une simple modification dans sa culture, il en fournit une quantité bien plus considérable que par les méthodes ordinaires. Cette modification consiste à détacher du chaume, immédiatement après la fécondation des ovaires, les jeunes épis, et à laisser la plante se développer ainsi privée de son fruit. Parvenue à l'époque de la maturité, la quantité de sucre cristallisable est souvent double de celle que l'on retire du chaume sur lequel le grain a pris tout son développement et parcouru les diverses phases de sa vie végétante. Avant la floraison le Maïz ne contient que peu ou point de sucre : l'on en trouve déjà plus quand les fleurs sont épanouies; la quantité s'élève à un pour cent et même deux vingt à vingt-cinq jours plus tard, alors que le grain commence à se former, qu'il est lactescent, et par conséquent arrivé au point où l'on doit le supprimer.

Partout où le Maïz fait la base essentielle de la nourriture de l'homme et des animaux la nécessité du sucre n'est plus que secondaire; il faut combler les besoins et attendre que les récoltes, sans leur nuire aucunement, permettent de se livrer à l'extraction d'une substance que la betterave rend moins importante pour l'industrie comme pour le commerce.

A l'exemple de Nysten et de Dandolo, beaucoup de personnes ont, ainsi que moi, longtemps douté

que la Muscardine fût positivement contagieuse[1].
Depuis 1826 l'habile éducateur de vers à soie,
M. J.-J. Martin, de Virrieux-sur-Pélussin, départe-
tement de la Loire, nous en a fourni des preuves
incontestables. On les confirme maintenant chaque
année par des observations nouvelles. Elles dé-
montrent aussi, d'une autre part, combien est
fausse la théorie vantée du docteur Bassi de Lodi,
qui veut que cette maladie soit due à des petits
cryptogames du genre botanique *Botrytis*, ayant
pris naissance dans l'intérieur du corps vivant du
ver fileur. Les moisissures, ainsi que nous l'avons
dit en 1837 au moment de la prétendue découverte et de son adoption par l'Académie des sciences
de l'Institut actuel de France, les moisissures s'attachent aux corps animaux en putréfaction ; mais
il n'en existe réellement aucune qui croisse et
se montre sous l'enveloppe cutanée des êtres vi-
vants. Il n'est pas plus permis de croire à cette
erreur qu'il ne l'est de dire ou de penser que l'er-
got de seigle, administré à des femmes travaillées
par les douleurs d'une parturition lente et difficile,
est susceptible de se développer sur l'utérus, de
germer et de fructifier sur le corps de l'enfant que
ce viscère contient.

La véritable cause de la Muscardine a été dé-

---

[1] Il n'est pas inutile de dire ici que le nom de cette maladie
vient de la ressemblance que le bombyce fileur, ou ver à soie,
présente, lorsqu'il en est atteint, avec une espèce de pastille alon-
gée très-connue dans nos départements du Var, des Bouches-du-
Rhône, Vaucluse, Drôme, etc.

noncée en **1762** par Boissier de Sauvages. Elle est déterminée par la disposition des magnaneries, leurs proportions trop petites avec le nombre des larves que l'on y rassemble, par l'habitude où l'on est de boucher hermétiquement les portes, les fenêtres et toutes les communications avec l'air extérieur, de chauffer en hiver sans donner issue à l'air lourd du dedans et aux vapeurs qu'il condense. Olivier de Serres, qui a parlé en praticien habile de l'éducation des vers à soie, ne dit pas un mot de la Muscardine : elle était inconnue de son temps, et ce n'est guère que depuis le milieu du 18e siècle qu'elle est venue désoler nos grandes et moyennes magnaneries. Ses ravages sont très-considérables; peu de jours séparent l'invasion de la terminaison.

—

Une observation que j'estime fort importante m'a fait voir dernièrement encore que, pour le semis de chênes entrepris dans l'intention de repeupler les bois, on a le plus grand tort de choisir de préférence les glands du Chêne roure (*Quercus robur*), et surtout ceux d'une de ses nombreuses variétés appelée par les botanistes *Chêne à feuilles laciniées,* parce qu'ils sont plus lourds et plus gros que ceux des autres espèces et variétés. Ces glands sont sujets à donner des arbres de médiocre stature, rabougris, propres seulement à servir au chauffage. Il convient mieux de rechercher les glands ovales-allongés, et renfermés dans une cupule revêtue d'écailles brunâtres, du Chêne à grappes ou Chêne blanc (*Q. racemosa*), ainsi que ceux du Chêne pyramidal des Pyrénées (*Q. fastigiata*). Les glands de ces deux belles espèces se reproduisent toujours identiques, et donnent des arbres très-élevés, droits, au port majestueux, à cime élargie, propres à la charpente et surtout aux constructions navales.

En nos départements du Midi l'on trouve sur les montagnes, de même qu'aux terrains pierreux et déserts, deux Synanthérées sauvages, dignes de prendre place dans nos potagers, puisqu'elles rivalisent avec l'Artichaut pour les qualités édules. Je veux parler de la Carline à tige basse (*Carlina subacaulis*), remarquable par les énormes dimensions de ses fleurs purpurines avec couronne calicinale blanche, et de la Carline à feuilles d'acanthe (*C. acanthifolia*), qui donne de nombreux capitules sous un moindre volume, mais dont le réceptacle a quelque chose de fin, j'allais dire d'attrayant. L'une et l'autre réussissent très-bien en nos jardins. J'en recommande la conquête aux horticulteurs : elle leur sera fort avantageuse en ce qu'elle ne demande pas les soins que réclament d'eux l'existence et la conservation des meilleures variétés de l'Artichaut.

On travaille à enrichir les jardins d'agrément d'une plante du cap de Bonne-Espérance nommée par les botanistes *Aponogeton distachyon*, c'est-à-dire Aponogéton à double épis, à cause de l'odeur extrêmement suave qu'exhalent, une partie de l'année, ses épis de fleurs blanches. J'applaudis à cette entreprise : c'est un moyen de décorer agréablement la nappe des eaux. Pour y décider de plus en plus les amateurs, nous leur apprendrons que l'on mange ses tubercules, et que, depuis 1835, la plante prospère à merveille dans les eaux peu profondes et limoneuses du Lez, aux environs de Montpellier. Elle y passe l'hiver et fructifie depuis 1837. L'Aponogéton appartient à la Dodécandrie trigynie et à la famille des Aroïdées ; il est muni de feuilles spatulées, presque analogues à celles de l'Épi d'eau flottant (*Potamogeton natans*), et veut des eaux constamment maintenues à quelques degrés au-dessus de zéro, situées surtout au voisinage de la mer, comme le sont celles de la petite rivière du Lez.

Voici venir les courses annuelles des chevaux. Les éleveurs s'y disposent et les compagnies intéressées à cette spéculation se promettent d'y prendre une part très-active. Dans notre prochain cahier nous apprécierons les idées attachées à ce genre d'expériences, nous rechercherons si réellement elles sont les seuls moyens d'arriver à une prompte amélioration des races, de suffire à nos propres besoins sous le triple rapport de l'agriculture, de la cavalerie et du luxe. Cette question, examinée sous toutes ses faces, nous donnera la solution la plus importante : elle nous fixera non-seulement sur les erreurs commises jusqu'ici, mais encore sur les avantages promis avec tant d'assurance.

———

D'habiles cultivateurs nous apprennent que, durant trois années consécutives, ils ont uniquement employé des engrais végétaux pour la culture de la Pomme-de-terre. Les plantes retournées en pleine floraison, principalement des Vesces d'hiver, des Pois-bisailles, leur ont procuré des récoltes abondantes ; les tubercules leur ont paru de qualité plus délicate et d'un volume plus fort que lorsqu'ils employaient des fumiers. A la Pomme-de-terre ils font succéder un semis de seigle et de légumineuses pour fourrage d'hiver.

———

S'il fallait en croire les marchands grainetiers et les journaux quotidiens, grands propagateurs de sottises, qui leur servent de trompettes (en payant tant la ligne et en fournissant eux-mêmes l'article), on serait chaque jour la dupe de leurs mensongères annonces, et l'on verserait dans leurs mains avides le fruit de nos sueurs et de nos longues fatigues. Je dénoncerai sans ménagement le piége tendu à la bonne foi du cultivateur ; je le prémunirai contre le pompeux étalage des mots nouveaux, contre les inventions du charlatanisme, et ferai retomber la mystification sur l'imposteur.

L'Alfalfa, ou luzerne du Chili, qu'on nous représentait dernièrement comme produisant un fourrage abondant, susceptible d'être coupé tous les mois, est tout simplement la Luzerne de nos champs revenue du nouvel hémisphère sous un nom espagnol. La culture en ce pays lointain, dans une climature différente, avait imprimé à la plante quelques légères différences avec son type primitif; elle les a bientôt perdues et avec elles certaines de ses propriétés.

Il en est de même du *Chou colossal,* vanté en 1837 et vendu comme originaire de la Nouvelle-Zélande, comme capable de nourrir à lui seul un nombreux troupeau, et pouvant communiquer aux femelles de nos animaux domestiques la faculté de donner abondamment un lait frais et excellent. Ce chou n'est rien autre que le trop fameux Kapousta du fleuriste Tripet, recherché en 1810 pour l'ornement des jardins et des tombeaux, le Chou-palmier de certains amateurs, en un mot le superbe Chou-chèvre, ou Chou-coulier, le Chou-cavalier cultivé dans nos départements de l'Ouest, où il est indigène, où il atteint souvent deux mètres de haut. Il se fait remarquer par l'élégance de sa tête, par ses feuilles bleuâtres ou violacées retombant sur elles-mêmes en panaches du plus bel effet. Il se conserve en plein champ durant tout l'hiver sans crainte du froid, et il fournit durant la mauvaise saison une nourriture verte, saine, et très-aimée par les vaches. C'est la semence de cette variété du Chou-vert que l'on a eu l'impudence de vendre trois francs les trente grammes, et même un franc chaque graine.

Je dois nommer aussi le *Blé-Vittoria*, qui donne trois récoltes par année; le *Blé-géant de Sainte-Hélène*, dont un seul grain en rapporte deux et trois cents; le *Seigle multicaule* de la Bohême, que l'on voit former des touffes de quarante à deux cents chaumes hauts de deux mètres, avec des épis de seize centimètres de longueur. Les deux premiers rappellent les blés extraordinaires d'abondance d'Égypte, de Fellemberg, de l'Ukraine, etc., ceux si précoces de la vallée de Talavera (en Espagne), etc., distribués par le Jardin-des-Plantes de Paris comme devant augmenter nos ressources en céréales, et que nous avons vu, dès la première récolte, rentrer, ou, pour mieux dire, se confondre avec les espèces introduites en France depuis quatre et même six siècles. Quant au Seigle multicaule, c'est le même que nous avons reçu en 1815 sous l'étiquette de *Blé-vivace* de Sibérie, et que nous avons ensuite cultivé en 1819 sous le nom de *Seigle de montagne* et comme originaire du nord de la Suède. Tous les deux donnaient deux et trois récoltes dans la même année, tous les deux mûrissaient quinze jours plus tard que notre seigle commun, tous les deux se semaient à la fois pour fourrage et pour grain.

Ces diverses impostures nous font souvenir d'une anecdote bonne à consigner ici. Il y a dans le canton de Lauraguais, département de l'Aude, entre Montesquieu et Ville-Franche, sur les bords de Lhers et vers l'endroit où cette petite rivière reçoit les ruisseaux de la Thésauque et du Gardijol, un assez grand espace de terrain aujourd'hui en exellent rapport, mais qui, en 1666, avant la construction du canal du Midi et les travaux de recreusement auxquels elle donna lieu (tant pour les eaux du Lhers que pour celles des deux ruisseaux qu'on fît passer sous le lit du canal), ne formait qu'un marécage absolument abandonné et sans autre produit que celui de quelques maigres taillis épars aux endroits un peu moins noyés. Tout ce canton fut assaini comme par enchantement par suite des travaux dirigés à cette époque avec tant de zèle, d'intelligence et de désintéressement par l'illustre Riquet. On s'empressa de défricher tout ce qui n'était pas en nature de bois et l'on y sema de l'Avoine.

La récolte fut magnifique. Il tomba de chaque épi, comme il arrive toujours, quelques grains, non-seulement avant la moisson, mais encore par le travail de cette opération. Ces grains, qui formaient une double ou triple semence, levèrent bientôt sans labour comme sans nouveaux frais; ils recouvrirent la terre d'une seconde récolte, qui prospéra de même que la première, si ce n'est qu'elle fut un peu moins abondante. Une troisième, une quatrième et jusqu'à dix récoltes se succédèrent sans interruption, néanmoins toujours en décroissant sensiblement de quantité, je dirai plus de qualité. Mais les propriétaires, enchantés de retirer un produit quelconque de terres regardées jusqu'alors comme inutiles; frappés d'ailleurs de ce qu'ils obtenaient toujours une récolte sans débours aucun, sans frais de culture, ils ne tenaient point compte de cette diminution progressive; ils s'estimaient fort heureux de jouir ainsi des inépuisables avantages d'une *Avoine spontanée*, de posséder des champs où ce grain semblait approprié au sol lui-même.

On conçoit aisément quel bruit durent faire dans la contrée ces récoltes gratuites, cette manne tombée du ciel. Les marchands fournirent tous de l'Avoine spontanée. Comme chacun voulait posséder ce grain merveilleux, la vente fut prompte et lucrative. De nouveaux défrichements reçurent la précieuse céréale; des cultivateurs allèrent jusqu'à en couvrir des terres depuis longtemps en rapport et d'autres de moyenne qualité. L'économie de semences et de labours flattait, l'enthousiasme entraînait, et l'intérêt aveuglé ne calculait point qu'il aurait obtenu beaucoup plus en semant chaque année à l'ordinaire, tout en renouvelant sa graine, sur une terre bien préparée, et en recouvrant la semence à la charrue. On oublia que si l'Avoine réussit parfaitement sur les défrichements dont on a, pour ainsi dire, égratigné la surface, ce n'est que la première année, et qu'elle veut être immédiatement suivie par une prairie artificielle. L'on avait, il est vrai, l'Avoine spontanée; sa possession empêchait de voir que, à la seconde récolte, on perdait de gaieté de cœur une valeur réelle de quatre-vingts francs par demi-hectare ; que, à la troisième, cette somme s'élevait à cent quarante-six francs, etc.

La leçon est bonne. Sans doute il ne convient pas de vivre dans l'ornière de la routine et de penser qu'on ne peut pas avoir ni faire mieux que nos pères ; mais il est bon de se tenir en garde contre les annonces pompeuses et les superbes promesses ; il faut améliorer peu à peu, et bien voir avant d'adopter. Nous dirons quand il sera utile de se hâter.

—

Il nous est démontré que les racines apportées par le commerce par morceaux arrondis, bruns, piqués par des larves d'insectes, souvent sophistiqués et colorés avec du Safran des Indes (*Curcuma longa*), et vendues dans les pharmacies comme provenant de la véritable Rhubarbe (*Rheum palmatum*, et *R. undulatum*), n'appartiennent point à cette plante si précieuse du grand plateau de la Chine, et que les plantes que nous cultivons en Europe, depuis 1610, sous son nom, font partie d'autres végétaux peut-être de la même famille, mais indubitablement d'un autre genre. Les figures qu'en donnent les livres chinois, surtout le *Pen-tsao*, ou Traité des plantes médicinales, nous la montrent, en effet, d'abord moins élevée, garnie de fleurs blanches ou légèrement violacées et partant d'une racine tuberculeuse, qu'on ne doit point employer crue lorsqu'on veut s'en servir comme remède ; puis ils nous disent que les racines ne présentent point les marbrures blanches remarquées sur celles que le commerce nous fournit, lesquelles sont sophistiquées à l'aide de la chaux par les marchands russes de Kiachta; en les mâchant les dents ne sont point irritées par les cristaux d'oxalate de chaux qui s'en détachent sous forme de substance blanche et insipide. Ce n'est point la Rhubarbe émodie des monts Himalaya, *Rheum australe,* ni l'espèce pulpeuse, *R. ribes,* si usitée chez les Persans, et dont ils mangent les feuilles et les pousses étiolées, qui donnent la vraie *Rhubarbe de la Chine;* leurs caractères s'éloignent trop de ceux assignés à cette plante : aussi l'Académie des sciences de Pétersbour vient-elle de fonder un prix de trente mille roubles, ou cent mille francs, destiné à celui qui, le premier, la découvrira et en introduira dans la Russie des graines non altérées.

Un journal publié sous le titre de *Auxiliaire breton* nous annonce que M. François Guedon, de Libourne, vient d'imaginer un procédé non-seulement pour reconnaître à la simple vue l'excellence des vaches laitières et décider de la quantité de lait qu'elles sont susceptibles de donner par jour, mais encore pour apprécier la qualité de cette liqueur et savoir combien de temps sa sécrétion se maintiendra régulière jusqu'à la nouvelle gestation. Si la découverte est positive dans toutes ses promesses, il faut convenir que l'œil de la ménagère va singulièrement gagner en puissance et qu'il mettra en défaut les verres de l'astronome et ceux qu'emploient les naturalistes. Nous rappellerons, en attendant que l'auteur nous en apprenne davantage, que tous les signes examinés par notre illustre ami Parmentier nous obligent à douter fortement de sa prétendue découverte. Ce n'est pas toujours à la beauté et à la régularité des formes qu'on doit s'attacher pour reconnaître si une vache est bonne laitière; les meilleures sont souvent les plus mal tournées et les plus petites. Le volume de leurs mamelles n'en constitue pas l'excellence, car quelquefois les pis n'ont une certaine grosseur que parce qu'ils sont charnus. La couleur de la robe n'est point encore le signe auquel on puisse s'en rapporter, puisque dans certains cantons les vaches noires ont la préférence, tandis que dans d'autres ce sont celles qui portent un poil jaune ou roux, ou bien encore les brunes rayées; les vaches blanches ne jouissent nulle part d'estime, et cependant nous en avons vu qui donnaient du lait abondamment et de haute qualité.

On doit tout espérer d'une vache douce et fort docile, plutôt d'une taille moyenne, ramassée, et même petite, dont le col est bien pris, le fanon petit, la tête un peu allongée, la corne fine et pointue, l'œil vif et le poil fin ; chez qui les jambes sont courtes et déliées, les côtes élevées et rondes, les hanches carrées et égales. Il convient aussi que la queue soit haute et pendante au-dessous du jarret, que la mamelle soit fine, souple, bien faite, peu charnue et pas trop blanche, la peau douce et moelleuse, le corps gros, qu'il dénonce partout des veines bien prononcées aux deux côtés du ventre et faciles à sentir sous les doigts.

———

Le hasard, plus puissant que les combinaisons les mieux établies, vient de nous apprendre que le vieux tan de Chêne, répandu sur une prairie jusqu'alors désolée par la présence de la Cuscute, est le moyen le plus sûr comme le plus prompt de se débarrasser complétement de ce végétal faux-parasite. L'épaisseur à donner à la couche du tan est de deux ou trois centimètres. L'acide gallique qu'elle contient pénètre les molécules terreuses, opère sur les tiges, de même que sur les racines de la cuscute de manière à en détruire les principes végétatifs. Le fait observé par un cultivateur instruit du Puy-de-Dôme, M. Devèze de Chabriol, a été expérimenté par lui six années de suite, toujours avec le même succès. On peut donc le recommander et conseiller, là où le tan manque, ou bien est trop coûteux, de recourir à l'emploi des feuilles, de la cupule des glands, de la sciure du bois et des autres débris des chênes broyés et corroyés ensemble.

J'ai dit que la Cuscute (*Cuscuta europæa*), jusqu'ici rangée parmi les plantes parasites, ne l'était pas : il convient de le prouver pour combattre une erreur accréditée. La racine de cette plante germe en

terre; ses tiges sarmenteuses, presque capillaires,
très-rameuses, verdâtres ou rougeâtres, s'attachent
aux végétaux voisins, surtout aux lins, luzernes,
trèfles, vesces; elles les enlacent, les pressent avec
force et les font périr en peu de temps, non pas
en absorbant uniquement, comme on l'a dit jusqu'ici, tous leurs sucs, mais en ne permettant
point à ceux-ci de circuler librement et de répondre aux besoins de toutes les fonctions aériennes.
La cuscute n'épargne ni les Graminées qui, par
leur contexture, semblaient devoir être à l'abri
de son action desséchante, ni la Bruyère élégante,
au port si gracieux dans les espèces miniatures
comme chez les individus les plus élevés; elle
s'étend très-rapidement quand on permet à une
seule de ses fleurs de porter graine; en très-peu
de temps elle végète, envahit un espace de plus
de deux mètres de circonférence par chaque tige,
et le condamne à la stérilité la plus désespérante.
Semblable à l'aire ensanglantée du tyran, elle ne
laisse autour d'elle que ruines, que cadavres mu-
tilés, qu'affreuse désolation. A la première apparition de ce fléau destructeur, il faut l'attaquer et
prévenir toute propagation en arrachant de suite
la plante, en rompant la portion de prairie où elle
s'est montrée; il faut répandre du tan sur le sol,
qu'il soit sec ou humide, mais surtout s'il est
profond et substantiel.

Quand on veut ranimer la végétation sur un

champ semé de Céréales que la pluie a tassé et durci, où par conséquent la récolte menace devoir être au-dessous du médiocre, il convient d'y promener la lourde herse à dents de fer. Dans le premier moment le dégât pourra paraître effrayant ; mais au bout de quelques jours le froment, le seigle reprendront vigueur, et l'on obtiendra d'eux plus qu'on ne devait espérer.

VARIÉTÉS.

LÉGISLATION RURALE.

La loi du 28 juillet 1824 sur les chemins vicinaux porte : 1° Lorsque les revenus des communes ne suffisent pas aux dépenses ordinaires de ces chemins, il y est pourvu par des prestations en nature ou en argent, au choix des contribuables ; 2° tout habitant chef de famille ou d'établissement à titre de propriétaire, de régisseur, de fermier ou de colon partiaire, qui est porté sur l'un des rôles des contributions directes, peut être tenu, pour chaque année, *d'abord* à une prestation qui ne peut excéder deux journées de travail ou leur valeur en argent, pour lui et pour chacun de ses fils vivant avec lui, ainsi que pour chacun de ses domestiques mâles, pourvu que les uns et les autres soient valides et âgés de vingt ans accomplis ; *ensuite* à fournir deux journées, au plus, de chaque bête de trait ou de somme, de chaque cheval de selle ou d'attelage de luxe, ou de chaque charrette en sa possession pour son service ou pour le service dont il est chargé; 3° les prestations, et au besoin les cinq centimes additionnels (au principal des contributions directes), en cas d'insuffisance, doivent être votés par les conseils municipaux.

Nous rappelons ces dispositions de la loi pour montrer que le travail des chemins vicinaux, auquel est appelé chaque propriétaire rural, se trouvant étroitement lié aux intérêts généraux comme aux intérêts personnels, tous doivent accepter avec courage, plaisir et empressement cette contribution d'utilité locale; tous doivent même la solliciter quand l'autorité la néglige, puisque son résultat est important, immédiat et direct. En effet, tous ceux qui cultivent ou possèdent, les propriétaires comme les fermiers, les grands industriels comme le plus mince horticole, sont intéressés à l'amélioration des chemins vicinaux, à leur constante bonne tenue, puisque ce sont eux qui augmentent la valeur des propriétés, qui apportent une économie réelle dans l'exploitation, dans le placement plus avantageux des produits et dans l'entretien des voitures et de leurs attelages. Sous ce dernier point de vue un bon système de vicinalité diminue prodigieusement les dépenses annuelles et imprime à tout une longue prospérité. Le sacrifice qu'exige donc, chaque année, la prestation en nature est amplement compensé, et, vue comme elle doit l'être, elle cesse même d'être un sacrifice.

Qu'on aille point croire ici que la prestation en nature remplace les corvées heureusement abolies en 1790. L'invention des corvées était bonne en tant qu'elle tournait au profit de tous, mais elle est devenue bientôt, durant de longs siècles, odieuse, vexatoire, tyrannique, remise aux mains de ceux qui participaient seuls au gouvernement féodal, la plus sombre, la plus avilissante de toutes les formes de gouvernement. La corvée ne frappait que sur l'homme utile, sur le travailleur; elle l'affamait sans cesse pour élargir les honteuses jouissances d'un prélat, d'un courtisan, de leurs maîtresses; elle l'arrachait à sa famille, à ses précieux travaux pour servir les privilégiés. La prestation en nature, au contraire, a le caractère essentiel de l'utilité publique; elle est commandée pour l'avantage de tous, et veut être supportée également par tous, sans restriction aucune, par le riche comme par le plus pauvre des possédants, par les maires et leurs adjoints comme par le garde champêtre, en raison de l'étendue de leurs propriétés et du montant des contributions. La loi pèse sur tous; si elle admettait une exception quelconque, elle cesserait d'être juste, elle serait tyrannique.

TABLEAU *légal du prix moyen de l'hectolitre de froment, pour servir de régulateur aux droits d'importations et d'exportations des grains et farines, arrêté le 30 avril 1839, d'après les marchés de la dernière semaine de ce mois.*

CLASSES.	SECTIONS.	NOMS DES DÉPARTEM. FRONTIÈRES.	PRIX le plus haut.		le plus bas.		Terme moyen régulateur.	
1	»	Pyrénées - Orientales, Aude, Hérault, Gard, Bouches-du-Rhône, Var et Corse.	27	88	19	74	23	52
2	1	Gironde, Landes, Basses et Hautes-Pyrénées, Ariége et Haute-Garonne.	21	58	19	74	20	36
	2	Jura, Doubs, Ain, Isère, Hautes et Basses-Alpes.	24	94	22	2	23	54
3	1	Haut et Bas-Rhin.	24	90	22	25	23	87
	2	Nord, Pas-de-Calais, Somme, Seine - Inférieure, Eure et Calvados.	26	12	20	1	22	4
	3	Loire - Inférieure, Vendée et Charente-Inférieure.	22	41	19	70	20	50
4	1	Moselle, Meuse, Ardennes et Aisne.	22	30	20	36	21	46
	2	Manche, Ille-et-Vilaine, Côtes-du-Nord, Finistère et Morbihan.	22	41	18	97	20	62

Des Expositions des produits de l'Industrie nationale et de leur action sur les travaux de l'Agriculture et de l'Économie domestique.

(Premier article.)

Nous avons en ce moment devant les yeux les produits de l'industrie nationale rassemblés sous de vastes portiques élevés à grands frais aux Champs-Élysées; ils nous appellent à les examiner pour en constater les progrès réels et pour lire dans leur avenir les destinées futures de l'agriculture, du commerce, ainsi que celles des arts mécaniques, manufacturiers et économiques. Dans l'étude que nous allons en faire sous le rapport des branches explorées par la *Bibliothèque du propriétaire rural et de la ménagère,* l'amour éclairé de notre patrie est notre mobile, ses avantages notre but : ainsi nos paroles et nos sentences ne sont dictées ni par le pouvoir ni par l'exigence des passions. Être vrai , dire tout avec franchise et sans arrière-pensée, montrer les choses telles qu'elles sont, stigmatiser la faveur et proclamer le mérite dédaigné ou repoussé : voilà notre devise. On peut compter que nous y serons constamment fidèles.

Ce fut une inspiration éminemment patriotique, celle d'ouvrir un grand concours public aux productions du génie, d'associer le triomphe paisible de l'homme laborieux et modeste à la marche progressive des lumières et de la nouvelle civilisation de l'Europe. Elle est née cette heureuse et noble pensée au sein même de nos convulsions politiques : c'est une des brillantes étincelles émanées de l'ère républicaine, dont sut s'emparer un ministre [1] qui fut, plus qu'aucun de ses successeurs jusqu'ici, bon administrateur, homme intègre et plus occupé de ses devoirs que de ses intérêts personnels. Elle est venue révéler au pays que, même après les journées les plus désastreuses, il ne lui est point permis de douter des inépuisables ressources de son sol sacré ni de la toute-puissance de ses fils chaque fois que la voix sacrée de la patrie se fera entendre et qu'à elle s'uniront, sans restriction aucune, le concours et les sentiments de ses mandataires.

La première exposition date du premier jour de l'an VII de la république (le **22** septembre **1798**). Quoique proposée et ouverte au Champ-de-Mars dans le court espace d'un mois, il est impossible d'oublier l'enthousiasme qui se manifesta pour répondre dignement à l'appel fait à l'honneur français. On vit le génie de la liberté, fier d'avoir brisé les fers d'un grand peuple, s'asseoir près du génie actif de l'industrie, le tenir étroitement uni pour ouvrir désormais aux arts utiles, comme aux arts de pur agrément, une ère nouvelle, une carrière immense. Et dans quel moment? L'histoire est là pour l'attester au besoin : alors que la vieille Europe, ébranlée sur ses féodaux fondements, nous

[1] François de Neufchâteau, ministre de l'intérieur.

attaquait sur terre et sur mer, au nord comme au midi; alors que chrétiens et musulmans, unis à l'ombre de la croix et du croissant, marchaient contre nous, commandés par un Kosaque, le farouche Souwarow; alors que la jalousie et la haine étrangères, sollicitées sans cesse par de lâches transfuges, infectaient d'un or corrupteur, de promesses mensongères les classes de citoyens peu ou point éclairées. Nos prodigieux succès dans les armes firent justice des dangers dont nous étions menacés, au même moment que nos succès dans les arts fournissaient à tous nos besoins, élargissaient subitement le cercle de nos ressources. Le nombre des exposants s'éleva seulement à cent neuf : c'était peu pour un pays aussi vaste, aussi riche que le nôtre, ce fut beaucoup pour la circonstance. Cette nouveauté pouvait dans un temps moins grave être ce que nous la verrons devenir plus tard, un stérile spectacle: elle produisit un grand effet. Semblable à la lumière qu'un léger choc, qu'un simple frottement fait jaillir en gerbes étincelantes de cailloux sortis des lieux les plus ténébreux, elle alluma dans tous les cœurs le flambeau d'une sainte émulation, elle sollicita de nouveaux germes de gloire, et, par le rapprochement de tous les arts, de tous les degrés d'industrie, elle mit en regard et le présent et le passé, l'indigène et l'exotique, elle fit naître d'importantes découvertes, des perfectionnements nécessaires et prépara de larges voies aux créations que la science étonnée et toujours douteuse n'aurait osé ni tenter

ni même soupçonner. Pour les récompenses auxquelles donnaient droit tant d'efforts, un concours
aussi remarquable de toutes les capacités, la reconnaissance nationale désigna douze d'entre les exposants comme ayant produit des articles d'une utilité générale, ceux qui réunissaient au travail le
plus parfait la modicité des prix, la fabrication la
plus prompte et la plus avantageuse.

Une seconde exposition eut lieu dans la cour du
Louvre en l'an ix (septembre et octobre 1801).
Elle fut plus brillante que la première; on y compta
quatre cents exposants venus de tous le départements [1]. Les objets utiles dominaient; mais déjà
le gouvernement consulaire, moins austère, avait
ouvert la porte à ces tours de force, fruit ordinaire
d'une patience à toute épreuve, mais stérile, ou
d'une adresse minutieuse habile à éviter les obsta-
cles et à céder aux subtilités d'une imagination
ardente. Gilbert, le bienfaiteur de notre industrie
et de notre agriculture, pour avoir doté la France
de ces importantes colonies de mérinos qui décidèrent, après un demi-siècle d'une première
et infructueuse introduction [2], de leur admission
définitive, Gilbert n'obtint qu'une faible men-

[1] On vit avec peine que les départements de l'Aude, du Gard,
de l'Hérault, du Lot, de Vaucluse et autres des contrées méridionales n'avaient rien envoyé.

[2] Elle date de 1752 et est due à de Perce; mais comme elle
ne profita réellement qu'à son auteur, il faut la compter de l'année 1766, alors que d'Aubanton créa le premier troupeau de mérinos à Monbar, département de la Côte-d'Or, et prit plaisir à en
distribuer les produits à ses voisins et aux amateurs.

tion : le jury n'eut point le courage de dire hautement que le gouvernement le laissa, dans un pauvre village de l'Espagne, mourir de misère sous la férule d'impitoyables créanciers, non les siens, mais ceux de l'État. Ce même jury jeta dédaigneusement une médaille de bronze sur l'admirable métier créé par Jacquard, simple ouvrier de Lyon, métier qui, neuf années plus tard, changea le mécanisme d'une foule d'industries et rendit la condition des ouvriers en soie moins misérable. Le premier Consul eut pitié d'une semblable sentence et vengea l'humanité dans la personne de Jacquard en lui accordant une pension viagère de six mille francs.

En l'an x, ou septembre 1802, le Louvre reçut six cents exposants, et sur l'esplanade des Invalides on en compta cinq mille pour la quatrième exposition, qui demeura ouverte du 26 août au 1er octobre 1806. Les diverses branches des arts et manufactures s'y montrèrent, il est vrai, riches de nouveaux produits, résultats de combinaisons profondément calculées sous leurs diverses faces et inspirées par le noble désir de placer la France au sommet de l'industrie européenne ; mais il y eut plus de places pour le luxe, enfant perdu de l'ambition, du despotisme et de la débauche, que pour les choses perfectionnant les préparations propres à la nourriture de l'homme, pour celles qui réellement améliorent le sort des pauvres, leur assurent un travail habituel, facile, en même temps qu'il pourvoit aux nécessités de la vie, protége la santé, ménage les forces. Il fallait au trône qui s'élevait à l'ombre de lauriers ensanglantés et de proscriptions de toutes les sortes, il lui fallait ramener les esprits aux mœurs faciles de la monarchie et réhabiliter les habitudes d'ostentation que l'on commençait à perdre. Un seul point, imperceptible sous les masses éblouissantes de pompeuses inutilités, un seul point consola l'ami de la patrie, ce fut la certitude de véritables progrès dans la fabrication de nos poteries communes, dans l'emploi des matières nationales pour la teinture, dans la manipulation de nos laines et dans le prix des draps ordinaires de Castres, descendu de 18 francs à 1 franc le mètre, ainsi que dans la confection de quelques outils, des faux entre autres et des coûtres.

Treize années séparent cette dernière exposition de celle de 1819, qui fut la cinquième [1]. Pendant cet espace de temps des guerres triplement funestes nécessitèrent une longue série de sacrifices d'hommes, d'argent et de chevaux; le despotisme militaire, le plus atroce de tous, prit la place de toutes les lois civiles et humaines; il jeta les sommes destinées aux arts utiles à de nouveaux enrichis, dont la sensualité grossière les entraîna vers la trahison qui, à deux reprises rapprochées, ouvrit à des soldats armés le sol sacré que nous fertilisons. Après ces deux honteuses invasions, après

---

[1] Un décret du 13 septembre 1807 avait cependant fixé au 1er mai 1809 la cinquième exposition, et elle devait être suivie tous les trois ans d'une nouvelle. Parole de roi : mensonge.

l'avilissement dans lequel de nouveaux venus avaient précipité nos institutions politiques et scientifiques les plus universellement enviées; après la coupable faveur accordée aux produits de l'industrie étrangère; après les émigrations d'artisans et de laboureurs, le démembrement (maintenu même aujourd'hui) d'une portion notable de notre antique territoire, les flots de sang versés par les cours prévotales, les persécutions de tous genres qui n'épargnaient ni les familles les plus paisibles ni les hommes devenus turbulents ou coupables par la nécessité d'une situation horriblement critique, tout, en un mot, devait faire craindre que la solennité de l'exposition ne fût un triste reflet des événements politiques, des désordres atmosphériques de 1816 et de la famine organisée qui les suivit. Le génie tutélaire de la patrie ne l'a point voulu, sa main puissante a frappé l'Europe d'étonnement par les chefs-d'œuvre qu'elle créa sous le joug même des circonstances les plus désespérantes : il dit et la France parut encore plus grande sous le faix du malheur qu'ombragée par les palmes de la victoire. Ce qui sollicita l'indignation dans l'appel fait le 13 janvier 1819 ce fut l'oubli volontaire d'un passé plein de gloire, d'une création nationale que l'on rapetissait en l'attribuant à une volonté nouvelle et particulière.

Le Louvre reçut donc du 25 août au 30 septembre suivant les produits de l'industrie française. Ils en purifient l'atmosphère, ils répandent le mouvement et la vie dans ces salles, sous ces superbes portiques sortis du génie de Perrault et embellis par le ciseau de Jean Cousin. Ils ornent de leur pompe, bien autrement féconde en résultats, ces mêmes galeries où naguère un soldat heureux, bourreau de la liberté qui l'avait élevé sur le pavois, espérait parquer les potentats, ses humbles vassaux. A cette exposition parurent d'une manière honorable, les tissus obtenus du duvet des petites chèvres demandées aux steppes d'Astrakhan pour les naturaliser sur nos montagnes du Midi. Je laisse de côté ces machines introduites dans un grand nombre de nos cités et l'emploi plus ou moins judicieux que le manufacturier en a fait pour diverses sortes d'étoffes, de toiles, de tissus variés, afin d'arriver plus vite à la section où l'agriculture et les matières premières qu'elle fournit aux arts et métiers m'offrent une bonne fois les objets appropriés à l'usage habituel, aux besoins actuels de nos familles, les choses qui servent positivement à l'économie rurale et domestique.

Ne parlons pas des charrues nouvelles; on peut les estimer toutes bonnes, quoiqu'elles n'aient point encore obtenu la sanction d'une longue pratique, mais il est sage de leur préférer les anciennes, que l'on simplifie, que l'on améliore de façon à les mieux adapter aux localités qui les emploient. Sous ce point de vue la charrue de la Brie et celle de la Bresse, perfectionnées par Guillaume et par de Saint-Didier, sont un véritable service rendu au premier des arts. Nous remarquâmes aussi les excellentes faux fabriquées à Toulouse, à Foix, à

Fourvoirie (Isère), à la Grande-Combe (Doubs), à Arc (Haute-Saône), à Saint-Mauvien (Calvados); elles sont très-légères et en même temps fort dures, se battent bien, et leur bon marché fait oublier celles que le commerce allait mendier à la Styrie et à diverses autres contrées de l'Allemagne. En m'exprimant ainsi l'on ne m'accusera point sans doute de vouloir que les peuples s'isolent les uns des autres : loin de moi une semblable pensée, toutes les nations doivent vivre amies, s'entr'aider mutuellement pour arriver à l'indépendance universelle, à l'harmonie générale, mais il est de l'intérêt particulier de chacune d'exploiter les ressources du sol natal et de les faire servir à l'utilé de ses enfants. C'est ce sentiment tout patriotique que je vais demander à chaque exposition : c'est lui qui m'a fait applaudir aux moulins à bras, dits de famille, inventés par Desquinnemare et par Pécantin d'Orléans, aux haches-paille de Hayot et de Chapuzet, aux râpes à pommes-de-terre de Burette, aux sabots légers, solides et commodes fabriqués par Brunel, de Mende (Lozère), aux poteries de Sarreguemines, Charolles, Tours, et aux terres brunes de la Nièvre et de la Charente.

Aux deux expositions suivantes, 1823 et 1827, tout fut encore pour le luxe, signe incontestable des infirmités d'un État, car plus on étend les jouissances du riche, plus on augmente le nombre des pauvres et moins les besoins de l'homme laborieux trouvent à se satisfaire. Nous ne voyons pas, en effet, ces deux solennités nous fournir la preuve de

progrès positifs ; elles servent tout simplement à signaler quelques perfectionnements dans la fabrication du sucre de betterave et des fers destinés
aux instruments aratoires et de moissons, dans la
confection des toiles, des poteries, des cuirs et
autres articles d'industrie économique qui n'ont
de valeur réelle que par le nombre des bras mis
en action et par les difficultés d'exécution dont
ils triomphent. Mais quelles tristes réflexions ne
viennent pas écraser de tout leur poids un cœur
éminemment patriote quand, d'une part, il mesure les places immenses accordées à des parfums,
à des pommades, à des savons, à des tresses de
cheveux et autres galanteries de toilette, et que,
de l'autre, il voit les coins plus ou moins mal
éclairés où les objets d'utilité générale sont enclos.
On se demande s'il est permis à un jury de dé-
grader ainsi la grande pensée des expositions nationales.

Nous ne rencontrons pas un seul chef-d'œuvre
proprement dit, et cependant un torrent de médailles est venu fondre sur les exposants. En 1823,
sur 1631 exposants on a distribué 72 médailles
d'or, 153 d'argent, 250 de bronze, 11 décorations
de la Légion-d'Honneur ; en 1827, sur 1795
exposants il y a eu 48 médailles en or, 146
en argent, 219 en bronze, 12 décorations et
4 médailles d'encouragement. Si par une semblable prodigalité l'on se flatte de cacher la misère,
faire oublier l'état fâcheux du commerce et les tur-
pitudes d'une politique dévote, on se trompe ; plus

on avilit les récompenses et les encouragements, moins l'honnête homme les recherche. Il s'en éloigne au contraire avec mépris, et lorsqu'on les lui jette il dédaigne de les ramasser.

Dans la première de ces deux expositions l'industrie agricole n'a eu aucune part, si l'on excepte la roue oblique proposée par M. Lévrier, de Tonnerre, pour l'irrigation des prairies placées plus haut que le niveau des eaux voisines : quoique dans cette création il y eût parfaite entente des moyens mécaniques, économie de construction et certitude de succès dans l'entreprise, elle n'a obtenu aucune distinction. Quant aux charrues, moulins à bras, ruches et haches-paille, ce sont les mêmes, absolument les mêmes que ceux exposés en 1819, et les outils de jardinage des jouets pour amuser les amateurs. Les échantillons de chanvre apportés par Laforest n'étaient point là pour nous dire les améliorations introduites dans quelques cantons pour la culture et la manipulation mieux entendue de cette plante textile, mais seulement pour témoigner de l'existence d'une broie nouvelle inventée par ce mécanicien et tombée dans le néant, comme nous le prédîmes à l'époque de son apparition, après avoir constaté ses grossières imperfections.

A l'apparition de la seconde nous espérions être ramené à des idées plus consolantes, mais nous avons été cruellement déçu. Dans ses rapports avec l'agriculture et l'économie domestique l'exposition de 1827 nous a paru très-mesquine,

et comme à l'ordinaire nous avons vu que les articles les plus intimement liés aux premiers besoins
de la vie et à l'art de tirer parti des productions
du sol national avaient été sacrifiés à des objets bi-
zarres, ridicules et futiles. Ce qui nous a soulevé
d'indignation c'est de trouver auprès de gélatines
et de colles-fortes, dont la fabrication perfectionnée promet de nous affranchir des droits immenses que nous payons à nos voisins; auprès de
draps qui détruisent hardiment toute rivalité
étrangère; auprès des excellents produits de la
bonneterie, du maroquinage, de la poterie et de
la briqueterie, une monstrueuse collection de vins
factices portant les noms de nos plus illustres vignobles. Il y a délit patent de la part d'un jury
quand il ose permettre à ces compositions mensongères, essentiellement nuisibles, de figurer à
côté des productions de nos manufactures. C'est
avilir son pays; c'est ravaler nos vins exquis, si
riches en eau-de-vie, et si justement célèbres, au-
dessous de ces imitations grossières que l'on fabrique à Londres et au pays des Kosaques. Les membres de cet impolitique jury (parmi lesquels je ne
rencontre aucun praticien, aucun agriculteur)
ignoraient donc que la France consacre à la culture de la vigne plus de deux millions d'hectares;
qu'elle recueille, année commune, trente-six millions d'hectolitres dont la valeur en numéraire dépasse cinq cent soixante-dix millions de francs;
que cette culture, favorisée par toutes les circonstances naturelles, occupe et alimente 649 indi-

vidus par chaque hectare, et que nous exportons en vins et en eaux-de-vie pour une valeur de 150 millions de francs. Sans aucun doute, il est légal d'imiter les procédés employés dans nos riches vignobles de la Marne, afin d'avoir des vins mousseux dans tous les autres vignobles français, ou bien de rendre transportables par mer nos vins de l'Est si peu faits, dans leur état ordinaire, pour de semblables voyages, mais il faut opérer sur des raisins et non pas, comme le nommé Dubief, avec de la fécule de pommes-de-terre, du tan, de l'acide sulfurique, de l'eau, etc.

Si nous dédaignons de parler de la broie mécanique inventée en 1816 par Lorillard, de Nuits (Côte-d'Or), pour préparer le lin et le chanvre sans rouissage, c'est que, à nos yeux, elle présente les mêmes vices que celles de ses prédécesseurs. Si nous ne nous arrêtons pas devant les ruches plus ou moins compliquées de Bréon de Dijon, Désormes de Montreuil (Seine), et Albitte de Paris, c'est qu'elles ne remplaceront jamais la ruche villageoise bien faite, régulièrement tenue, si simple, si convenable et de réparation si facile. Mais nous recommanderons les faux et les faucilles présentées par les fabriques du Doubs, de l'Ariége et de la Haute-Garonne, ainsi que les pierres artificielles de Wiezen : elles sont bien composées, susceptibles d'un beau poli et de nature à servir utilement partout où la pierre à bâtir est rare et par conséquent fort chère.

Ce que je remarquai surtout ce furent : 1° la charrue des Vosges, perfectionnée par Jean-Joseph Grangé, de Harol, réunissant le double avantage d'exiger une force motrice peu considérable et d'être gouvernée par le laboureur le moins exercé; 2° et le pressoir à vis horizontale et à volant inventé par Thomas Réveillon, de Mâcon. Cette machine, d'une grande utilité pour les pays vignobles, occupe fort peu de place et un léger effort suffit pour lui imprimer le mouvement nécessaire à exprimer du raisin toute la liqueur qu'il contient. Un autre de ses importants résultats, c'est de dispenser de trancher le marc, comme on le fait d'ordinaire à l'aide de longues haches, manœuvre qui a l'inconvénient de couper le pepin [1] et la grappe, et par suite de communiquer au vin une certaine âcreté. Dans le nouveau pressoir on remue simplement, à deux ou trois reprises, le marc avec un grappin.

La composition de huit commissions spéciales chargées d'examiner les objets à admettre pour la huitième exposition, celle du mois de mai 1834, de comparer entre eux les produits de même nature, pour en apprécier la nouveauté, le degré d'invention ou de perfectionnement réel, l'utilité, base première de toute découverte, les qualités et les prix de vente, nous donnait à penser que, après sept années d'attente, après l'espèce de régénération politique et morale promise par les trois journées de

---

[1] Quelques botanistes ont changé ce mot en celui de *Nucule;* ils le conservent seulement pour la graine des Pommiers et des Poiriers.

juillet 1830, la patrie aurait d'éclatants progrès à
à signaler, de grandes choses à récompenser, des
applications ingénieuses à s'enorgueillir. Il y eut
encore désenchantement pour nous. L'esprit national, un peu retrempé au soleil de juillet, n'empêcha point qu'il y eût faveur pour l'admission et
l'espace accordé, mais encore dépréciation dans
les récompenses ; il n'empêcha point que les
quatre spacieux pavillons élevés sur la place
de la Concorde ne fussent, non pas un théâtre
pour l'exposition des produits de l'industrie,
ainsi qu'on doit entendre ce mot, mais bien
un vaste bazar où le marchand vient donner un
coup de fouet à la curiosité, solliciter dans toutes
les classes la soif ardente du luxe, et détourner
l'attention des objets graves que demandaient
l'institution à son origine et les intérêts maté-
riels sur lesquel se fonde la prospérité publique.

Sur 2447 exposants, dont plus des trois quarts
appartenaient au département de la Seine, les
autres à 74 départements, 697 ont été récom-
pensés, c'est-à-dire que l'on donna 28 médailles par chaque cent exposants. Voyons si,
comme le dirent au chef de l'État les courtisans
nommés juges, l'industrie française s'est réellement avancée à grands pas ; si nos usines, en
se multipliant, en s'agrandissant, ont offert de remarquables perfectionnements dans l'idée mère
des machines, si la fabrication, en s'améliorant,
s'est faite à plus bas prix et si des arts nouveaux
ont pris naissance. (*La suite au numéro prochain.*)

BIBLIOGRAPHIE.

L'art d'élever les vers à soie mis à la portée de tout le monde, par F.-D. PILLOT. Paris, 1839. In-12 de 132 pages. Prix : 1 fr. 50 cent., à la Librairie élémentaire et d'éducation, rue Saint-Martin, 173.

Seconder, autant qu'il est en lui, le mouvement qui, sans distinction de lieux, pousse partout à l'éducation du bombyce fileur de la soie ; le faire le plus clairement possible et dans un petit nombre de pages possible : tel est le double but que s'est proposé M. Pillot. Il peut se flatter de l'avoir atteint. Il est seulement fâcheux qu'il n'ait pas mis davantage à contribution les ouvrages de Boissier de Sauvages, de Dandolo, de Bonafous, et qu'il ait adopté les graves erreurs que nous avons combattues plus haut, page 38. Son livre est écrit sous l'influence des doctrines proclamées aujourd'hui par ceux-là mêmes que leur position scientifique, plus ou moins légitimement acquise, devrait mettre à l'abri de l'action dévorante du charlatanisme. La faute n'est point celle de M. Pillot. On doit lui savoir gré de son zèle.

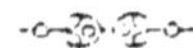

Manuel pour la culture en pleine terre des Pomées-Batates sur grande, moyenne ou petite extension dans les contrées de l'Europe, etc., par J.-F. VALLET DE VILLENEUVE.

Dictionnaire des aliments et des boissons en usage dans les divers climats et chez les différents peuples, par A.-F. AULAGNIER.

Il en sera rendu compte prochainement.

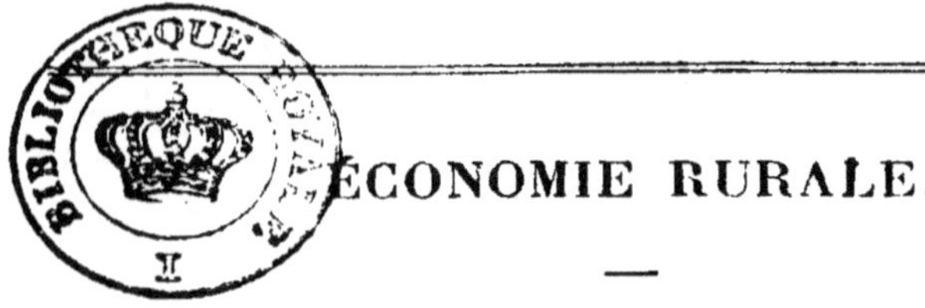

ÉCONOMIE RURALE.

—

Des Écoles primaires d'Agriculture, par M. JULES RIEF-
FEL, directeur de celle établie au Grand-Jouan
(Loire-Inférieure).

Fonder l'éducation du pauvre sur le travail et
savoir faire servir l'agriculture à la régénération de
l'homme des champs, tel fut le but que se proposa
Philippe-Emmanuel de Fellenberg quand il fonda
en 1800, à un myriamètre de Berne (en Suisse),
l'institut agricole de Hofwyl [1]. Il est, je crois, le
premier en Europe [2] qui ait tenté de réunir dans

[1] Cette superbe propriété est située dans une plaine coupée
par de légères ondulations, arrosée par des eaux limpides et
abondantes, encadrée d'une manière ravissante par les Alpes et
le Jura. Les bâtiments, très-bien distribués, tout à la fois légers,
simples, nobles, solides, présentent dans leur aspect une heureuse alliance des formes moresques et de celle des charmantes
habitations de la belle et fertile vallée de l'Emmenthal, dans le
canton de Berne.   T. DE B.

[2] L'idée première d'une semblable fondation appartient à un
Français et date de l'année 1759 ; on la trouve développée dans
une brochure in-12, imprimée à cette époque à Paris sous le titre
d'*École d'agriculture*. L'auteur garda l'anonyme, et, comme sa
pensée était toute patriotique et en faveur d'une classe alors traitée
avec mépris, elle n'obtint aucune attention. En 1771 Sarcey
de Sutières la réalisa durant quatre ans à Annel, près de Compiè-
gne, département de l'Oise. En 1775 Rozier voulut la rétablir
sous le nom de *Ferme expérimentale*, ainsi que je l'ai dit dans
l'éloge de ce bienfaiteur de notre agriculture nationale. Je revien-
drai bientôt sur ce sujet important, et jusqu'ici mal compris, en

une ferme un certain nombre d'enfants pauvres dans l'intention de leur appliquer sa pensée philantropique. Il a eu de suite des disciples nombreux et dévoués dans l'Allemagne et les États du Nord : je ne connais en France aucune réunion de ce genre, fondée comme institution [1]. Une création aussi utile ne pouvait cependant manquer d'être vivement accueillie en France. Tous les hommes de bien devaient applaudir à la noble idée de recueillir, d'élever et d'instruire l'enfant du pauvre, en lui fournissant les moyens de se rendre recommandable à la société. Tel être infortuné que la toute-puissance de la nécessité livre trop souvent dans sa jeunesse au vagabondage et à ses suites funestes, dans son âge mûr à un travail pénible ou bien à toutes les tentations de l'éviter, n'aperçoit et n'attend pour sa vieillesse que la misère et le plus affreux abandon. Nous autres Français nous

publiant mes recherches historiques sur les fermes expérimentales de France dans un prochain numéro.   **T. DE B.**

[1] Il existe, depuis 1830, une école pratique d'agriculture à Guéret, département de la Creuse ; elle est placée sous la direction de l'excellent citoyen M. Biet, son fondateur et son appui de tous les jours. Je ne parle point de l'école des pauvres que **Matthieu de Dombasle** voulut joindre à la ferme de **Roville**, parce qu'elle n'eut point lieu, les actionnaires n'aimant que les élèves payants, ni de l'école aristocratique de **Grignon**, fondée en 1827, que nous examinerons plus tard. Mais je dirai que, en 1788, on avait déjà tenté de réaliser l'idée de ces écoles, d'abord à Pessac, sur la rive gauche de la Garonne, aujourd'hui département de la Gironde, puis à la Rochette, entre Melun et Fontainebleau. Il en sortit d'excellents praticiens ; mais l'incurie du gouvernement et le manque d'encouragements décidèrent, quelques années après, de la ruine de ces deux utiles fondations.   **T. DE B.**

sommes prompts à admirer, souvent même trop prompts à commencer une œuvre d'enthousiasme; mais, âmes passionnées et cœurs inconstants, bientôt nous vient le dégoût de la chose possédée. Le désir du changement nous entraîne; nous foulons aux pieds le lendemain, avec une sorte de joie, les ruine sdu temple où nous allions la veille nous prosterner. Nous manquons, en général, de cette persévérance infatigable dans l'exécution qui constitue une des qualités les plus précieuses en agriculture. En revanche, nous payons annuellement un pesant tribut d'importations de toutes les sortes à nos voisins, moins bien favorisés que nous par la climature, la position topographique et la fertilité du sol. Mais là tout le monde est à l'œuvre, et si le cultivateur travaille avec opiniâtreté le gouvernement l'encourage ou vient à son secours [1]. Le Wurtemberg donne annuellement 800,000 fr. à son agriculture [2]; la Prusse vient récompenser Thaër

[1] Qui croirait, avec l'énorme budget public et secret accordé par la session législative convoquée chaque année, que les encouragements pour l'agriculture ne se sont élevés, durant la période la plus fâcheuse, de 1822 à 1832 compris, qu'à une somme variant de 160,192 francs (en 1822) à celle si mesquine de 44,120 francs (en 1828) et de 64,763 francs en 1832? Ces faits sont avoués par le gouvernement lui-même dans les *Documents de statistique* publiés en 1835 par le ministère du commerce et de l'agriculture, page 150. Voilà les immenses avantages que la branche la plus importante de l'économie politique retire de l'existence d'un ministre de l'agriculture et des grandes pensées du conseil-général d'agriculture établi près de lui pour veiller à la plus solide prospérité de la patrie !   T. DE B.

[2] L'état de Wurtemberg offre, sur une superficie de 189 myriamètres carrés, une population de 1,400,000 individus ; ses revenus montent à la somme de 18,700,000 francs, sur lesquels

avec magnificence [1], et Fellenberg reçoit en Suisse un acte législatif pour la subvention de son école.

Dans ces divers pays, les écoles dont nous parlons ont reçu plusieurs dénominations, telles que *École d'industrie, École des pauvres*, etc. Je n'aime point ces deux mots et je leur préfère le nom de *École primaire d'agriculture*, comme représentant mieux le but proposé, de même que nous avons les Écoles d'arts et métiers, l'École forestière, les Écoles vétérinaires, etc., indiquant immédiatement leur destination. Quant au nom d'*École des pauvres* il y a quelque chose d'avilissant qu'il faut rejeter : ces enfants, une fois adoptés par la patrie, ne sont plus pauvres; à leur sortie de l'école ils possèdent un capital de connaissances qui les met pour toujours à l'abri de la pauvreté.

une somme de 800,000 francs est prélevée chaque année pour encourager l'agriculture, ce qui est en rapport avec le total du revenu comme 1 est à 23; tandis que, en France, sur une superficie de 5,275 myriamètres carrés, une population de 32,569,223 individus et un revenu de plus d'un milliard, ces mêmes encouragements n'arrivent point par année à 200,000 fr., c'est-à-dire à 1 fr. sur 5,000 fr. Et le gouvernement ose se vanter d'aider à la prospérité de l'agriculture! C'est vraiment pitié. Cependant, il faut le dire, le budget de 1839 porte cette somme à 800,000 fr. Nous dirons comme elle sera employée. **T. de B.**

[1] Pour le déterminer à exécuter en Prusse ce qu'il avait fait à Celle, sa patrie (petite bourgade du pays de Hanovre), il reçut en toute propriété le domaine de Mœgelin, situé près de Francfort-sur-l'Oder, avec le capital nécessaire à son exploitation et le brevet de conseiller d'État chargé du département des affaires concernant l'agriculture, sous la seule condition qu'il fonderait sur ce domaine une école des pauvres, auxquels il enseignerait l'art d'exploiter la terre le plus utilement possible. La condition n'avait rien d'onéreux pour Thaër ; il se l'était imposée lui-même. **T. de B.**

La France agricole, prise dans tout son ensemble, est encore aujourd'hui divisée en deux grandes classes bien distinctes, généralement connues sous les dénominations usuelles de *Propriétaires* et de *Paysans*. Le grand propriétaire exerce rarement *le métier de l'agriculture*, comme il l'appelle dédaigneusement ; la plupart du temps il n'habite pas même sa propriété, ou s'il l'habite par nécessité ou par goût, il cherche à s'y créer une existence urbaine, une existence de chasse, de pêche, de visites avec ses voisins de campagne. Il ne se souvient par intervalles de l'agriculture que dans les moments où il a besoin d'argent, semblable en cet instant au matelot qui se jette à genoux au fort de la tempête. Les principes de la science agricole lui sont inconnus, quoiqu'il applique cependant divers procédés qu'il a lus dans les Recueils périodiques ou dont il a entendu parler d'une manière avantageuse. Réussit-il, il continue le procédé ; s'il échoue, il l'abandonne sans souci, à moins qu'il n'ait fait quelques dépenses ; alors il se fâche et traite les innovateurs de charlatans. Dans le cas le plus favorable, le propriétaire un peu généreux, ou mieux éclairé, exerce, avec un plein succès, une influence vraiment salutaire, soit par des avances diverses à ses fermiers, soit par la construction d'un chemin, d'un pont, d'un bâtiment rural, et même par des conseils sur l'économie générale.

Le véritable agriculteur français, sur la majeure partie du territoire, est encore le paysan, qui très-rarement, même aujourd'hui, sait lire et écrire. C'est lui seul qui conduit ses travaux, combine son assolement et ordonnance ses terres. Il suit, il est vrai, la routine de ses pères, mais cette routine l'a toujours nourri ainsi que ses aïeux; il ne lui demande pas davantage pour sa génération. Si, de loin en loin, une culture nouvelle est introduite dans son canton, il l'observe durant de longues années sans chercher à l'imiter. Ce n'est qu'après des succès réitérés et bien constatés qu'il tente un essai tantôt heureux, tantôt malheureux, selon qu'il a été bien ou mal compris; et alors, suivant le cas, souvent fortuit, la culture est adoptée ou rejetée indéfiniment. Un quart de siècle s'écoule pour qu'il accepte enfin comme science cette innovation profitable [1]. Ne demandez pas davantage à cet homme auquel manquent tous les moyens intellectuels et pécuniaires; ne blâmez toutefois pas sa lenteur, car c'est de la prudence. N'accusez que votre orgueil et les vices de vos institutions, qui rétrécissent les voies de l'enseignement et jettent aux riches courtisans les bourses

[1] On se rappelle, à l'appui de cette assertion malheureusement trop vraie, tout ce qu'il a fallu de zèle, de sollicitations et même jusqu'à d'innocents artifices à Parmentier dans le but de vaincre la répugnance que l'on avait pour la Pomme-de-terre, afin de combattre le préjugé, la calomnie et faire adopter cette précieuse solanée comme aliment, comme base de la nourriture de tous. Encore a-t-il fallu pour y décider la masse entière les calamités de l'année rurale de 1788, la moucheture des blés qui venait de réduire les récoltes au tiers de leurs produits habituels, et la famine qui en résulta. Le besoin était pressant : alors seulement on écouta la voix toute philantropique du constant Parmentier.

T. DE B.

universitaires qui devraient seules appartenir aux pauvres envieux de s'instruire.

Telles sont les deux grandes divisions d'hommes qui se partagent le sol ou sa culture; et malgré de nombreuses, d'honorables et même de brillantes exceptions, une troisième classification plus élevée serait tellement minime, comparée aux deux autres, qu'on ne peut en faire mention que comme d'un trait historique. Je n'en parlerai pas ici, mais bien d'une division intermédiaire dont nous avons un besoin urgent.

Il manque à l'agriculture française cette classe d'hommes précieux placés, à l'armée, entre l'officier et le soldat, et, dans l'industrie manufacturière, entre l'ouvrier et le fabricant. Là courageux sous-officiers connaissant leur école de peloton, ici contre-maîtres actifs et intelligents, tous habiles et forts dans leur partie. La plupart des hommes qui occupent aujourd'hui cet emploi difficile dans nos exploitations sont ou des paysans ignorants connus seulement du propriétaire par des antécédents favorables, surtout en ce qui concerne la fidélité, ou bien de ces hommes qui, après avoir parcouru sans succès plusieurs carrières, ont fini par se présenter dans celle-ci, soit par une perspective de suprématie sur des valets, dont ils prennent facilement le commandement, soit faute d'autres places pour vivre [1]. Mais ni les uns ni

---

[1] Il y en a même certains que la faveur, l'intrigue et la plus insigne bassesse ont élevé dans diverses fermes expérimentales, ou, comme on dit encore dans plusieurs instituts agricoles, jus-

les autres de ces deux espèces d'hommes n'ont aucune idée arrêtée sur la marche d'une ferme, aucune connaissance d'assolement alterne, ou seulement des moindres progrès de l'art. On les voit partout suivre indifféremment les procédés de culture usités dans le pays où ils se trouvent, sans chercher à se rendre compte du bien ou du mal.

La civilisation exige de nouveaux efforts. Les besoins pressants de la vie commandent à une foule de propriétaires de tourner leurs regards vers les améliorations territoriales. La plupart, ne pouvant eux-mêmes acquérir les connaissances les plus indispensables, ou ne voulant pas s'attacher à l'exercice du métier, se trouvent arrêtés dans leurs projets par le manque de bons agents secondaires. De jour en jour se fait sentir la nécessité de contre-maîtres plus instruits, de premiers valets plus intelligents.

Pour de vastes domaines on trouve déjà un assez grand nombre de régisseurs capables, parce que cet emploi peut satisfaire bien des ambitions; mais le nombre de ces propriétés est restreint, et il existe beaucoup plus de fortunes moyennes, de celles précisément où le secours d'un agent secondaire, moyennement rétribué, peut apporter de notables améliorations d'ensemble et de détail.

qu'au rang de professeurs. Mettez-les à l'épreuve, obligez-les à répondre par écrit à des questions que leur titre usurpé permet de leur adresser : vous verrez crouler l'argile à vos pieds. Ces places devraient être couvertes par des hommes de talent et seulement obtenues, au concours public, sur des gages irrécusables d'une véritable science.   T. DE B.

Dans l'état social actuel ces hommes sont rares. L'un sera trop instruit, par conséquent trop coûteux; l'autre sera un ignorant et ne servira à rien. Pour qu'un aide semblable soit réellement utile dans la position dont nous parlons, il faut qu'il ne soit pas trop haut placé pour dédaigner de travailler avec les ouvriers ordinaires des campagnes; il faut qu'il possède les connaissances élémentaires reçues dans les écoles primaires. Le plus ordinairement, de tels hommes préféreront la vie de la ville, où ils trouveront facilement de l'emploi : ils y vivront sans doute plus misérablement en comparaison de l'existence vraiment heureuse de la campagne; mais aux observations qu'on leur fait à ce sujet ils répondent toujours qu'ils gagnent davantage en espèces métalliques, qu'ils n'ont pas autant de peines et ne sont pas exposés à toutes les intempéries et aux fatigues de la vie rurale : ainsi la nourriture étant meilleure, les libations plus fréquentes, le temps plus joyeux, les passions plus aisément et plus secrètement satisfaites, voilà leur sotte ambition au comble !

La classe d'hommes destinée à former des contre-maîtres et des premiers valets pour l'agriculture est donc entièrement à créer. L'expérience, puisée dans les autres carrières, nous démontre que les meilleures pépinières d'hommes sont greffées aux écoles spéciales : l'oubli de celles-là est une chose presque inconcevable. En approfondissant cette pensée, cela nous paraît aujourd'hui d'autant plus étonnant que ces écoles emporteront avec elles des avantages sociaux de plus d'un genre et d'une importance qui frappera tout homme un peu au fait de l'économie sociale. Que d'enfants, en effet, seraient enlevés au vagabondage pour devenir des citoyens utiles! Fonder des écoles, surtout des écoles professionnelles, sera toujours plus profitable à la société que de fonder des maisons pénitentiaires [1], voire même des colonies de mendiants [2].

[1] Ce que le gouvernement paternel, selon l'expression des gens de cour et de la presse servile, n'a point voulu faire a été non-seulement tenté mais complétement pratiqué par une réunion d'honorables ouvriers de Paris sous le titre de *Société du patronage des jeunes libérés*. Cette société a pour orateur M. Alcan, dont le zèle, l'ardente charité, l'éloquence simple et toute du cœur ont rendu le nom synonyme du mot *bienfaisance*. La société nomme et traite comme ses pupilles les nombreux enfants qu'elle arrache chaque jour aux tortures, à la honte des prisons, et aux mains desquels elle met le travail, qui honore et rend la vie douce.

[2] L'idée première des colonies agricoles pour les pauvres et en faveur des hommes égarés par la mauvaise organisation de l'ordre social, reconnus susceptibles de rentrer dans la classe des citoyens utiles, appartient aux Économistes français. Elle a été réalisée en 1750 dans un pays très-pauvre, le Ban-de-la-Roche, département des Vosges, par Stouber, et poussée au plus haut point de perfection par le pasteur Oberlin.

Un autre exemple non moins remarquable en faveur des indigents a été donné en 1820 en Belgique, sur cette terre de désolation connue sous le nom de *Campine*. En peu de temps huit de ces colonies étaient dans un état florissant ; le sol, rendu fertile, produisait sous des bras longtemps retenus captifs par la misère et la paresse ; de toutes parts des fabriques s'élevaient et assuraient une honorable existence à de nombreuses familles, aujourd'hui brillantes, présentant naguère la honte et tout entières à la charge du pays. En 1821 le Holstein a suivi l'exemple pour faire fructifier les landes stériles, les marais, et les plaines sablonneuses qui, du nord au sud, contrastaient avec les côtes orientales si pittoresques de cette pres-

Les élèves destinés à suivre les écoles primaires d'agriculture devront nécessairement être pris dans le rang le plus misérable des habitants de la campagne. On se tromperait étrangement si l'on croyait que les fils de fermiers aisés viendront y puiser les connaissances qui leur manquent; ils ne voudraient d'abord pas travailler pour le compte d'autrui, et cependant ce sont de laborieux travailleurs qu'il faudra. Dans les villes aucun habitant ne sera non plus tenté de venir prendre part à cette éducation. Il ne reste donc que l'enfant du pauvre, auquel nous offrirons, il est vrai, une belle perspective dans sa position. Celui-ci, jeté sans force à la misère dès le berceau, acceptera avec reconnaissance l'amélioration que nous offrons à son sort. Robuste, dur à la fatigue, habitué aux intempéries et aux privations de tout genre, mieux développé ensuite par un nouveau régime de nourriture saine et abondante, il restera sans cesse à la tête des ouvriers qu'on lui donnera à diriger un jour; façonné à la discipline de l'école, à l'ordre invariable des heures de travail, d'études et de repos, il apportera dans l'exercice de ses fonctions cette ponctualité que l'on remarque dans les anciens militaires, qualité précieuse en tous

qu'île. Il a obtenu ce qu'il désirait : tant il est vrai de dire qu'en rendant les hommes libres et propriétaires ils seront actifs. Attachez-les au sol par des travaux honorables et honorés : vous en ferez de bons citoyens, de solides appuis pour la patrie. La fainéantise et l'esclavage abrutissent l'homme ; les besoins de la vie non satisfaits soulèvent la colère, inspirent l'idée du crime, et désolent la terre, qui reste en friche.   **T. DE B.**

lieux pour l'homme qui commande et pour celui qui doit obéir. Possédant enfin les connaissances élémentaires de sa langue et du calcul, comme la théorie et la pratique de l'agriculture, il sera capable de rendre des comptes, d'écrire une lettre, de combiner et de diriger une série de travaux qu'on lui aura confiés, de bien comprendre et de faire exécuter en grand un essai d'après une idée nouvellement recommandée comme très-importante.

Ce fut par des considérations de cette nature que le Conseil-général du département de la Loire-Inférieure songea à fonder sur le domaine de Grand-Jouan [1] une école primaire d'agriculture, en me confiant vingt jeunes paysans pauvres, dont il me laissait entièrement la direction. J'acceptai cette proposition, qui agrandissait naturellement le cercle de mes travaux et leur donnait un nouveau but d'utilité. Travaillant, en effet, sur un vaste défrichement de landes, ces jeunes gens devaient se familiariser avec ces pratiques, afin de pouvoir seconder un jour des opérations analogues, auxquelles commencent à se livrer un très-grand nombre de propriétaires riverains de l'Océan dans nos départements du Nord-Ouest [2]. Les départements

[1] Ce domaine est situé à une petite distance de la ville de Nozay, près de la route de Nantes à Rennes, à trois myriamètres de la première de ces deux villes et à deux de Châteaubriant.

[2] Nous offrirons dans une de nos prochaines livraisons le tableau de ces diverses opérations et leur importance, précédé de ce qui a été fait précédemment par Brémontier, Trochu, Hersart et autres.   T. de B.

de l'ancienne Armorique ' ont particulièrement besoin d'attacher au sol une partie de sa population rurale. D'une part, aucune contrée de la France ne renferme autant de terres incultes; d'autre part, un grand nombre de ses habitants sont annuellement enlevés par la marine. Mais cette position particulière n'ôte rien à l'utilité générale de semblables institutions. Je me suis persuadé que leur avantage se fera apprécier dans tous les départements de la France, et ce moment ne me paraît pas éloigné, si j'en juge par les nombreux renseignements qui m'ont été déjà demandés à ce sujet.

Réflexions du Rédacteur. — Certes il est temps que la société s'assoie sur des bases plus larges, qu'elle retrempe les ressorts de l'humaine intelligence et qu'elle fasse disparaître, au moins pour les travailleurs, l'horrible distinction de riches et de pauvres. Il faut que les lumières pénètrent dans tous les rangs; que du cabinet du philantrope elle descende en gerbes étincelantes sous le toit rustique de l'homme des champs, dans l'humble atelier de l'artisan, trop dédaigné. L'instruction est le meilleur rempart à opposer aux envahissements de la tyrannie, à ceux de la superstition et du charlatanisme, ses acolytes. L'instruction édifie et conserve; l'ignorance détruit tout et laisse tout faire

---

' Ce sont ceux de la Loire-Inférieure, du Morbihan, du Finistère, des Côtes-du-Nord et d'Ille-et-Vilaine. On y comptait encore en 1836 près de neuf cent vingt-trois mille hectares de landes et bruyères.　　　　　　　　　　　T. DE B.

aux fourbes et aux ambitieux. Celui qui vit sans instruction est au-dessous de la brute : c'est le frélon paresseux et impuissant au milieu des abeilles industrieuses et actives. Il est à charge à la terre qui le nourrit, à charge à lui-même, et traîne dans une honteuse nullité le poids accablant d'une existence fâcheuse. Sans instruction un peuple ne se lance pas impunément sur les routes de la liberté; les traîtres, les émissaires de l'étranger, les agents du despotisme civil et religieux sont là pour l'égarer dès les premiers pas, pour le précipiter dans les excès de l'anarchie. Nous en avons eu la preuve sanglante dans les premières années de notre révolution : le nuage qui chasse devant lui un vent impétueux ne passe point avec plus de vitesse, le torrent qui s'échappe des flancs déchirés d'un roc inaccessible tombe, se précipite et roule avec moins de fracas.

Déjà nous les entendons ceux qui regardent l'ignorance comme le premier élément de la félicité du peuple, ceux qui veulent que le merveilleux et la superstition soient nécessaires pour le contenir, nous les entendons nous demander avec leur arrogance accoutumée : Quand le paysan sera instruit conduira-t-il mieux la charrue? enfoncera-t-il la bêche ou la pioche plus avant dans le sol? s'il n'a que ses bras, en seront-ils plus forts, plus vigoureux? gagnera-t-il plus de journées? s'il a un coin de terre à lui, son champ produira-t-il plus de blé, sa vigne de meilleurs raisins, son jardin des légumes plus savoureux? — Non, certes, mais il améliorera 'ce qu'il a appris par routine, il raisonnera l'emploi de ses graines, il se nourrira mieux, il ne perdra plus son temps dans les cabarets ou bien à des jeux de hasard qui l'entraînent si loin et pour lui et pour les siens; il connaîtra l'étendue de ses droits et de ses devoirs; il saura qu'il faut obéir aux lois et aimer son pays par dessus toute chose; il saura qu'aucune autorité, telle arbitraire qu'elle soit ou prétende se montrer, n'a point le droit de lui ravir le fruit de son travail, ni de le priver de sa liberté, bien autrement chère que son champ, que sa vigne; il évitera ces contestations qui nuisent au bon voisinage et ces interminables procès où la mauvaise foi d'un avocat ou la cupidité d'un avoué l'enlace pour le précipiter dans l'abîme de la misère; il saura que ses bras ne peuvent être légitimement détournés de ses paisibles travaux pour être employés à des conquêtes lointaines, hors des limites naturelles de la France, mais qu'il doit les tenir toujours prêts à repousser les invasions ennemies. Quand le dernier des habitants des campagnes saura lire, écrire et calculer, on verra partout régner l'ordre et la paix; une loyale réciprocité présidera à toutes les conventions publiques et privées; on obtiendra, par suite nécessaire, la prospérité des familles et de l'État[1]. Là, au contraire, où l'ignorance domine

---

[1] Il est impossible de citer une meilleure preuve de cette assertion que la population sage et moralement heureuse d'Ermenonville et de Liancourt, département de l'Oise. Avec le bienfait de l'instruction qu'elles durent à Réné de Girardin et à Laroche-

on ne rencontre que des hommes stupides, à la merci du premier imposteur, et, comme dans le sauvage Appennin, on ne trouve qu'une population grossière, un sol aride ou mal cultivé, des bandes de voleurs, l'assemblage effrayant de la misère, de tous les vices, et par suite de tous les crimes.

On ne peut voir sans émotion les heureux effets produits par l'enseignement mutuel dans les classes les plus négligées de l'ordre social, là où les maximes absurdes de l'Université et du clergé ne l'ont point fait avorter. Semblable à cette méthode que l'on dit apportée de l'Inde, qui est tout entière dans le *Traité de la Sagesse* (liv. III, ch. xiv, § 28) que Pierre Charron publia à Bordeaux en 1600, l'institution des Écoles primaires d'agriculture est une sève vigoureuse qui mettra le plus noble des arts dans la voie des véritables progrès et le rendra florissant d'une manière solide et durable.

—

Des Courses de chevaux considérées dans leur but et leurs résultats actuels ou prochains, et par suite de quelle utilité réelle peuvent être les haras organisés comme ils le sont.

Pendant un certain temps, encore tout imbu de la lecture des anciens et sous l'influence du plai-

foucauld, les habitants ont reçu celui d'être tous appelés à profiter du sol, à en jouir en toute propriété et à ne compter parmi eux ni pauvres ni gens dont ils eussent à rougir. Bien antérieurement à 1789 ces deux villages réalisaient, comme on le voit, le beau rêve du bon abbé de Saint-Pierre.

sir que j'éprouvai en voyant sous le ciel de l'Italie
les luttes des Barbes ', j'avais cru la course un
moyen d'améliorer les chevaux ; ses avantages chan-
tés par Pindare, vantés par les Grecs et les Romains,
et avant eux par les Celtes et les Gaulois, attestés
de nos jours par l'Angleterre et les Arabes, m'a-
vaient trop facilement séduit et décidé à mêler mes
applaudissements à ceux d'un enthousiasme de tradition. Mes opinions ont bien changé depuis que
j'ai pu posément en suivre les effets sur nos races
nationales, races trop souvent sacrifiées à la manière de ne voir le bien que hors des limites de la
patrie. Revenu de mon erreur, je dois le proclamer hautement et amener les autres à profiter du
fruit amer de mes études. La vérité se fait jour
lentement, je le sais, mais cela ne doit point
m'arrêter : si je ne puis convaincre aujourd'hui,
demain un second, un troisième sera plus heureux ;
j'aurai du moins payé ma dette, le pays n'aura
plus rien à me demander sur ce point essentiel de
notre économie rurale.

Je pose donc en principe : 1° qu'il n'y a réellement point de rapports positifs d'amélioration présente, encore moins future, entre ces épreuves
solennelles où l'extrême rapidité, la puissance
musculaire, la longueur de l'haleine obtiennent la

' Chevaux d'assez petite taille que l'on tire du nord de l'Afrique , et particulièrement des pays de Maroc et de Fez, des montagnes de Buchemale, de Benimerassen et de Mazelasse, du désert de Garen, etc. Ils vont très-vite et mettent une seconde à remplir une carrière de douze mètres et demi.

palme, et les soins à donner à la création de beaux, de bons chevaux ; 2° que les courses ne sont qu'un spectacle de luxe, un vaste champ où l'on sacrifie avec pompe et de gaieté de cœur toutes les forces actuelles des jeunes chevaux aux plaisirs insensés de quelques oisifs, à la fureur des paris, au besoin de tout détruire pour satisfaire à la vanité du moment ; 3° et que, loin d'augmenter la valeur incontestable de nos races, on travaille avec une promptitude effrayante à la réduire à sa plus mince expression, à l'anéantir totalement. Ce sont, souvenons-nous-en bien, ce sont les courses qui ont perdu les chevaux de demi-sang, autrefois si beaux, qui donnaient à l'Angleterre des éléments précieux ; on les a poussé à dépasser incessamment les limites imposées par la nature elle-même aux exigences industrielles, et la race a disparu pour toujours. Ce sont encore les courses qui ont déterminé la décadence progressive qu'on remarque chez les Anglais dans la vigueur et la vitesse du cheval de course, par suite de l'usage adopté de faire courir les jeunes chevaux de trois et même de deux ans avec des poids légers et à de courtes distances.

Ces faits une fois établis, justifions-les par des développements nécessaires.

On croit et l'on répète communément que les premières courses remontent en France à l'année 1776. Adoptons cette époque sans chercher à en vérifier l'exactitude, quoique l'on puisse, sans errer, la descendre au vi^e siècle, où l'on voit les courses de chevaux en pleine vigueur en l'an 575. Qu'avons-nous positivement gagné depuis sous le double point de vue de la beauté et de la bonté des races indigènes ou acquises? L'exigence de l'épreuve a diminué sensiblement le nombre, la nature et l'étendue des qualités propres à chacune de celles que l'on y soumettait, particulièrement à notre petit mais excellent cheval de selle dit *Bidet*, chez lequel une vigueur extraordinaire était unie à une tenacité peu commune et à une extrême sobriété. **L'on** a voulu lui demander une vitesse plus grande et le rapprocher des deux chevaux anglais *Childers* et *l'Éclipse*, les plus vites connus [1]; il a perdu son haleine si forte et si bien soutenue, son nerf et sa légèreté; sa jument, qui était très-féconde, a cessé de l'être; ses poulains ont été mauvais, et, au lieu de 10 mètres par seconde que notre bidet parcourait sans se fatiguer, il n'a plus eu la force que d'en remplir 8 et même 7. **Ainsi**, tout en dépouillant l'apanage de la race, on a porté atteinte à la reproduction du type.

Dans l'intention de réparer le mal fait, on est allé chaque année, depuis 1814, mendier, d'une part, des étalons à l'étranger, comme si nos races nationales si belles, jadis si puissantes, qui constituaient une branche très-importante de nos ex-

---

[1] *Childers* parcourait par seconde 14 mètres 86 centimètres; *l'Éclipse*, 21 mètres 43 centimètres, ou 12:9 mètres par minute. Les chevaux barbes mettent, comme je l'ai dit, une seconde pour 12 mètres et demi. L'*Attila*, le plus vite de nos chevaux vainqueurs, 12 mètres 60 centimètres, monté par son cavalier.

portations, eussent perdu la totalité de leurs excellentes qualités; tandis que, de l'autre, on per-
mettait une exportation illimitée et doublement
impolitique de nos éléments de reproduction : je
veux parler de nos plus belles juments et de nos
pouliches d'espérance. Le gouvernement s'est fait,
en troisième lieu, l'agent de la restauration de nos
chevaux, et par suite des mésalliances opérées
par son ordre on a singulièrement appauvri les
meilleures races, on a fait des croisements sans
soin, sans examen préalable, sans aucun juge-
ment. La faute première est sortie de ces superbes
établissements que l'on nomme *Haras* et *Dépôts* [1],
où de grandes dépenses se font tous les ans sans
aucun profit réel pour notre agriculture [2] : on y vise
trop à avoir des chevaux de luxe et de prix.

Si l'on veut relever des espèces défectueuses, il
faut agir tout autrement que dans les haras,
c'est-à-dire opérer lentement, bien calculer les localités, profiter des ressources qu'elles offrent, y

[1] Nous avons trois Haras situés l'un au Pin, département de
l'Orne, l'autre à Rozière (Meurthe), et le troisième à Pompadour
(Corrèze). Les dépôts, au nombre de dix-sept, sont placés à Ab-
beville (Somme), Angers (Maine-et-Loire), Arles (Bouches-du-
Rhône), Aurillac (Cantal), Blois (Loir-et-Cher), Braisne-sur-
Vesle (Aisne), Cluny (Saône-et-Loire), Jussey (Haute-Saône),
Langonet (Morbihan), Libourne (Gironde), Montier-en-Der,
(Haute-Marne), Pau (Basses-Pyrénées), Rodez (Aveyron), Saint-
Lô (Manche), Saint-Maixent (Deux-Sèvres), Strasbourg (Bas-
Rhin, et Tarbes (Hautes-Pyrénées).

[2] La dépense s'est élevée au plus bas, en 1832, à la somme de
1,649,773 francs, et dans une période décennale à la somme la
plus forte, en 1827, de 1,836,483 fr. Dans le budget de 1839
cette dépense arrive à 1,920,000 fr.

créer ou bien agrandir celles qui doivent les compléter, et ne point employer de suite des races
trop discordantes : on n'arrivera sûrement au but
qu'en se rapprochant le plus possible, et toujours
à petits pas, du type que l'on a choisi. Je vais en
citer une preuve. Le cheval danois croisé avec nos
chevaux dits *Normands,* dont on prétend qu'ils des-
cendent, n'a point réussi dans les départements
du Nord-Ouest, presque tous en plaine; il a mieux
rencontré chez quelques propriétaires de la Haute-
Loire, du Puy-de-Dôme et du Cantal, parce que le
sol y est montueux, que les vallées offrent assez
de bons fourrages pour les approvisionnements du
foin, et les hauteurs des terres assez fertiles pour
qu'on les consacre sans regret au pacage des chevaux. Le cheval danois prospère également dans
le département de l'Aveyron, mais, il est fâcheux
de le dire, là les spéculations sont trop exclusivement tournées vers les mulets.

Autre preuve : Des étalons arabes, turcs et persans importés lors de notre mémorable expédition
en Égypte ont été remis aux haras dans la vue
d'améliorer nos chevaux dits *Limousins.* Les tentatives faites par ces établissements n'ont pas offert
des résultats plus saillants que ceux précédemment obtenus d'essais semblables faits avec des
juments du Mecklembourg, de Deux-Ponts et d'Angleterre. Dans le premier cas, on manquait de
bonnes poulinières; dans le second, le cheval li-
mousin, qui est de taille petite, grêle et fine de
membres, s'opposait à ce que les produits fussent

d'une conformation suffisamment robuste et qu'ils fussent doués d'extrémités plus fortes.

Comme on le voit, le grand vice dece qu'on appelle améliorations tentées, c'est de les avoir toujours faites à l'aide seulement des étalons. On aurait dû opérer en même temps avec un choix bien entendu des juments; car si, pour les qualités, le poulain tient plus du père que de la mère, pour la taille il est certain qu'il tient plus de la mère que du père. Les Arabes, qui possèdent de nos jours les plus belles races de chevaux, ne manquent jamais à cette double attention. Dans l'acte juridique qui constate la lignée de leurs *Koheile* ou *Kochlani* [1], ils ne tiennent pas seulement compte des degrés, mais aussi des quartiers : c'est pour eux le seul moyen de fixer la pureté du sang et l'excellence de la race. Dans nos haras, de même que chez nos amateurs maladroits, il semble au contraire que tout s'y pratique au rebours. On oublie que les chevaux achetés à grands frais à l'étranger, réunissant sans aucun doute dans leur pays toutes les bonnes qualités, une fois rendus en France, n'en ont plus que l'ombre et n'apportent réellement avec eux que

---

[1] Race de choix, très-rapide, soutenant les plus grandes fatigues, passant des journées entières sans prendre de nourriture quand il s'agit de remplir une très-longue course; elle a pour habitude de se lancer avec l'impétuosité du torrent au milieu des rangs ennemis. Son nom équivaut à ces mots : cheval dont la généalogie remonte à plus de deux mille ans. Pour les Arabes tout cheval dont l'origine et les titres sont inconnus est un *Kadischi*, c'est-à-dire sans aucune valeur.

leurs défauts. Cette erreur n'est malheureusement point la seule; il y a de plus insouciance, je pourrais dire incapacité. Que l'on se souvienne du fameux étalon arabe *Godolphin* qui fut vendu à un Anglais par l'administration des haras, comme cheval de réforme, pour la misérable somme de de 424 francs. Ce fut cependant ce même animal qui, transporté chez nos voisins, a fourni le *Baibrun*, le *Masque*, le *Régulus*, et tant d'autres chevaux de première volée, dont plusieurs ont été payés des prix énormes, des prix fous. Qu'on se rappelle encore cet autre étalon célèbre, *le Morvic*, que la France avait loyalement acheté et payé 60,000 fr. Il a été remis gratis, en 1815, aux Prussiens armés, alors pesant sur le sol sacré de notre patrie. Je n'ai vu qu'un seul rejeton de ce précieux animal; il était accompli dans toutes ses parties, il réunissait tout ce que l'humaine industrie peut demander d'éminentes qualités : c'est *le Phénix*, élevé à Ranville, à 8 kilomètres de Troarn, département du Calvados; il appartenait à M. de Guernon, et a prouvé que les meilleurs chevaux existeront en France beaucoup mieux que partout ailleurs du moment que les propriétaires ruraux le voudront et qu'ils s'associeront entre eux pour ce noble genre de spéculation. Mais pour la commencer et la soutenir toujours florissante ils ne doivent s'adresser en aucune manière aux haras ni aux dépôts privilégiés, encore moins à l'administration.

Et pourquoi chercher au dehors ce que nous avons sous la main? Les meilleurs chevaux de selle ne sont-ils pas fournis par nos départements de l'Orne, de la Mayenne, d'Indre-et-Loire, du Morbihan, de la Vendée, et surtout par ceux de la Haute-Vienne, de la Creuse, du Cantal, du Puy-de-Dôme et de la Dordogne, où cette race est aussi distinguée par la taille, la figure et la vigueur; par la légèreté, la finesse et la durée; par des jarrets bien évidés, parfaitement sains et larges de la pointe au pli; par les muscles de la jambe et de la cuisse, qui sont amplement fournis, c'est-à-dire bien gigotés, selon l'expression en usage; qu'elle l'est par les canons antérieurs et postérieurs placés sur deux lignes verticales et parallèles; par une poitrine large, des côtes bien contournées, un garrot sensiblement plus élevé que la croupe, un dos et des reins d'une longueur moyenne, un ventre arrondi, soutenu; par une encolure courte, tressée en haut, disposée en arc de la nuque au garrot, une tête courte, sèche, large sur le front, de bons yeux, une queue abondamment fournie de crins; enfin, par le mouvement des flancs libres et produits dans des temps égaux (15 à 18 par minute). En un mot, notre cheval de selle réunit tout ce que les anciens Grecs demandaient à la race thessalienne si vantée par les poëtes et les historiens sous le nom de *Bucéphale*.

Nos chevaux *Navarrins*, qui peuplent en grande partie les départements du Sud-Ouest, et que l'on retrouve non-seulement dans ceux situés à l'Est, je veux dire de l'Isère, de la Drôme, des Hautes-Alpes, de la Côte-d'Or et de la Haute-Saône, mais encore, en rentrant dans l'intérieur pour gagner l'Ouest, en ceux de l'Yonne, de la Nièvre, de l'Allier et de la Charente-Inférieure , soutiennent toujours leur antique réputation. J'en dis tout autant des chevaux de nos départements du Nord-Est, quand on les jugera mieux, quand on s'occupera d'eux comme ils le méritent. Ils sont petits, il est vrai ; ils n'ont point de figure, mais ils ont du nerf ; ils sont sobres, infatigables et du meilleur service possible ; ils résistèrent aux énormes fatigues des campagnes désastreuses de 1813, 1814 et 1815 ; partout ils ont dompté les chevaux si rapides et si sauvages des sauvages Kosaques ; partout ils ont montré que, à l'instar des chevaux du Kurdistan, les plus estimés de toute la Perse, ils galopent d'un pied aussi sûr dans les montées d'un difficile accès qu'aux descentes les plus rudes. Il en est de même des chevaux de la Corse.

L'agriculture, les charrois, l'artillerie ne puisent-ils pas d'excellents chevaux d'attelage dans nos départements du Nord et du Pas-de-Calais, où ils sont d'une forte taille ; dans ceux de la Somme, de l'Aisne, de l'Oise, de Seine-et-Marne, de la Manche et du Calvados, surtout dans la riche vallée d'Auge, où ils ont une bonne tournure, quoique leur tête soit un peu forte et leurs jambes trop chargées ? Les chevaux de la Loire-Inférieure, du Finistère, des Côtes-du-Nord, d'Ille-et-Vilaine sont recherchés pour leur solidité et leur constance au travail ; ceux du Cher, de l'Indre, du Jura, de l'Ain, du Doubs, du Haut et du Bas-Rhin, des Ardennes plus particulièrement, sont

5

fort estimés, mais ils demandent à être améliorés, non point, je le répète, par le gouvernement, mais par les propriétaires, vivement intéressés à cette noble et utile spéculation.

Quant aux chevaux de somme ils existent partout; les sujets sont généralement défectueux, je le sais, mais ils peuvent être très-aisément perfectionnés; le point essentiel est de suivre les indications naturelles d'un appariment bien entendu, c'est-à-dire d'avoir égard, 1° aux circonstances intimes qui doivent rapprocher le mâle de la femelle et celle-ci du mâle appelé à la couvrir; 2° aux modifications du temps, du lieu et de l'âge; 3° aux ressources que l'on peut avoir ou se procurer facilement et aux besoins actuels.

Comme on le voit, nous avons en mains tous les moyens pour opérer une amélioration importante, pour l'obliger à nous procurer bientôt de brillants résultats: il suffit pour cela d'une volonté ferme et persévérante; d'une part la température de notre climat, l'abondance de nos fourrages, la diversité de nos cultures, de l'autre notre intérêt individuel et l'honneur national, tout, en un mot, nous sollicite à reprendre notre ancien ascendant industriel et à rendre son puissant crédit à chacune de nos races chevalines. Nous avons des étalons et des juments propres à épurer, à perfectionner en très-peu de temps nos races de chevaux; il s'agit de les bien choisir, d'écarter des accouplements les vices essentiels de conformation et de caractère; il faut apparier les individus offrant des perfections séparées, afin de rassembler sur leurs descendants les plus excellentes qualités, et les obliger à produire le beau, le bon, le solide, le parfait, dont nous avons encore des germes précieux, quoi qu'en disent certains auteurs mal instruits, ou, ce qui serait pire, de mauvaise foi, quoi qu'en disent les partisans des chevaux efflanqués et sans grâces qu'ils vont chercher en Angleterre. Ce que j'avance n'est point problématique, encore moins le rêve d'une imagination toute spéculative; déjà des vues élevées, des conceptions heureuses, des tentatives pleines de sagesse et de nationalité ont amené divers propriétaires ruraux à des résultats satisfaisants. Leurs efforts, j'en suis certain, ne se ralentiront point, et leur exemple, en se faisant jour dans toutes les communes, dans toutes les fermes, arrêtera le torrent d'or que chaque année le commerce et l'administration font si sottement couler chez l'étranger.

Nous avons indiqué où l'on peut demander les types d'amélioration; voyons maintenant ce qu'il faut trouver chez l'individu dont on a principalement besoin. Tout à l'heure j'ai donné les caractères propres au *cheval de selle;* voici ceux du *cheval d'attelage :* toutes les parties doivent être plus amples mais proportionnément les mêmes que chez le cheval de selle; l'élégance des formes, les qualités brillantes ne lui sont pas aussi nécessaires, mais il convient qu'il soit bien étoffé, d'une taille raisonnable et pas trop élevée, et qu'il présente toutes les qualités que l'on nomme solides. Au *cheval de somme* il faut un garrot bien prononcé, un dos court et non ensellé, des membres très-solides. Il y a de plus une beauté propre à chaque destination; le sentiment du goût ou des convenances reçues peut en étendre ou en limiter l'application à telle ou telle autre partie; mais les bases que je viens d'établir d'après une longue expérience constitueront toujours seules les qualités réelles et constantes du cheval; elles détermineront seules sa valeur positive, comme elles doivent servir à le juger dans l'état de repos et dans celui d'action.

Le Conseil-général du département de l'Ain applique, depuis 1826, une modique somme, il est vrai, à l'acquisition annuelle d'étalons de race dite *normande*, mais il les livre gratuitement aux cultivateurs désireux d'aider à l'entière restauration de nos bêtes chevalines, à la condition par eux acceptée de payer le prix de l'étalon qu'on leur confie par cinquième, d'année en année, jusqu'à ce qu'il devienne leur entière propriété. De cette manière il n'y a pas notable surcroît dans la mise hors des fonds, il y a de plus garantie de conservation par l'abandon de la moitié de ce cinquième que l'on fait à celui qui justifie de ses soins. Ce système n'occasionne aucune dépense, il va droit au but : aussi serait-il à désirer qu'il se propageât.

Mais un moyen de fonder l'amélioration sur des bases plus larges, plus promptes et plus solides encore, ce serait d'imiter ces contrées de l'Allemagne où les propriétaires de grandes forêts, au lieu de cerfs légers et de sangliers dévastateurs, élèvent dans leurs parcs de très-beaux chevaux sauvages. De tels haras, bien préférables à ceux que l'État entretient si chèrement et si inutilement, fournissent d'excellents étalons, de grands chevaux infatigables, pleins de feu, semblables à ceux autrefois si célèbres que l'on tirait des bois situés entre Dusseldorf et Uerdingen. Ces animaux y résistent parfaitement au froid, puisqu'ils y supportent un climat souvent très-rigoureux, où le thermomètre descend quelquefois à vingt-sept degrés centigrades. De pareils établissements sont très-utiles, fort peu coûteux; ils ne demandent qu'un simple hangar de charpente couvert en chaume, une eau courante et de bons gardiens; ils n'imposent d'autres obligations que de fournir du foin aux chevaux quand la terre ne produit plus rien, ce qui dure au plus deux ou trois mois.

Les haras sauvages ont fait jadis la gloire de nos prairies marécageuses d'Aigues-Mortes, de Narbonne, de Lunel, de Saint-Laurent et de Montpellier; les chevaux y étaient distingués autant par la forme que par la légèreté du pied et la vélocité. Nous en avons encore dans les champs inondés, dans les gras pâturages de la Camargue, dans les marais de Saint-Gilles et autres, situés en nos départements du Gard et de l'Hérault. Ces chevaux sont hardis, légers, intrépides et infatigables à la course; dans leur ardeur, aucun obstacle ne les arrête, aucune difficulté ne les rebute; ils franchissent avec aisance et sans effort

un large fossé, un rocher ardu, des haies épaisses ; ils passent une rivière ou un bras de mer à la
nage ; ils traversent avec courage et patience de
larges étangs, des marais de plusieurs kilomètres
d'étendue ; ils nagent et s'enfoncent alternativement
sans s'effrayer, sans se dégoûter ni se lasser. Sur
un terrain plat et fangeux comme celui qu'ils par-
courent habituellement, ces chevaux lèvent peu
et rasent le tapis ; sur un sol plus ferme ils prennent d'eux-mêmes un pas très-rapide qu'ils soutiennent sans le ralentir durant une journée entière ; enfin ils sont gais, fort sobres, vivent longtemps et ne sont pas ou presque point sujets aux
maladies.

Le cheval camargois a quelque analogie avec le
cheval arabe et le cheval barbe. Des auteurs l'es-
timent d'origine africaine, et seulement introduit
en France par les Maures ; je ne partage point ce
sentiment, je reconnais au contraire en lui le descendant des chevaux celtes et gaulois dont César
et Tacite ont fait de si grands éloges, ceux que les
Phocéens, fondateurs de Marseille, recherchaient
de préférence à tout autre. Il a la croupe fine,
pleine de grâces ; toutes ses extrémités sont par-
faites, son encolure longue, sa crinière étroite,
flottante, sa tête bien attachée, et sa taille, ordinairement de 13 décimètres, arrive au plus à 14.
Il naît revêtu d'un pelage noir qui passe au gris
cendré, puis au blanc, qu'il conserve pendant les
vingt-cinq ans que dure sa vie. On a voulu régé-
nérer sa race, mais les essais ont été tout à fait

infructueux parce qu'ils étaient dirigés par des mains inhabiles, étrangères au pays et agissant d'après des instructions écrites dans les bureaux à Paris, où on ignorait que ce cheval est indomptable et que l'on parvient difficilement à l'assujettir. Toujours il montre, en effet, l'aversion la plus décidée pour l'écurie, et lorsqu'on l'y retient il devient bientôt colère, ne se laisse plus approcher et cesse d'être sûr ; il cherche dès-lors toutes les occasions de se venger du joug qu'on lui impose ; chez lui l'amour de la liberté est excessif, inaltérable. Je l'ai vu, après de longues et rudes fatigues, renverser celui qui le montait, se débarrasser de tout harnachement, partir au galop et retrouver avec joie les pâturages, même stériles, qu'il préfère au ratelier le mieux fourni.

On trouve encore dans les vallées des dunes, qui se montrent depuis la pointe du Ferret jusqu'au Verdon, au nord des prairies dites du Bassin et à l'ouest de la Gironde [1], un cheval sauvage dont la conformation annonce de la force ; il court extrêmement vite et disparaît en un instant à l'œil le plus attentif. La couleur de sa robe varie peu, elle est généralement fauve ou grise ; sa taille est d'un mètre et demi ; elle arrive parfois à deux mètres ; ses membres sont larges et plats, les jarrets et les tendons d'une beauté ne laissant rien à désirer,

---

[1] Les excellents pâturages qui couvrent ces localités sont, dans le pays, appelés *Laites*. Ce nom leur vient de la bonté du lait que fournissent les vaches qui les mangent. Il y a des Laites qui ont plusieurs kilomètres d'étendue.

les pieds très-bien conformés, très-solides et leur
corne de bonne nature. L'encolure et la tête se
retrouvent dans la race habitant la partie sèche
du Médoc, ce qui prouve leur commune origine [1].
Ce cheval est difficile à saisir, et plus encore à fa-
çonner à la domesticité; lorsqu'on réussit à le vaincre on a une monture vraiment inappréciable sous
tous les rapports [2].

Ainsi qu'on vient de le voir par ce coup-d'œil
rapide sur nos richesses chevalines, nous avons

[1] Ainsi l'on a tort de dire que sa véritable origine est inconnue. Quelques auteurs pensent qu'il provient de diverses juments
pleines que des propriétaires avaient autrefois envoyées pâturer
dans les laites pour les rétablir, ou, comme on s'exprime vulgairement, pour leur donner du nerf, lesquelles se perdirent, ou du
moins qu'on ne put ramener à l'état de domesticité. D'autres assurent qu'il avait été abandonné exprès par les anciens habitants
des Landes avant les derniers envahissements des sables mouvants.
Je n'ai rien pu me procurer de plus certain sur l'un ou l'autre de
ces sentiments, qui tous deux ont quelque chose de fondé.

[2] Il y a tout à l'heure un siècle que le nombre de ces chevaux
sauvages était bien plus grand qu'il ne l'est aujourd'hui. Deux
causes contribuent à le diminuer chaque jour de plus en plus.
L'une est l'habitude contractée par certaines communes de se
rendre deux fois par année dans les Laites, en mai et octobre,
pour marquer à l'oreille les petits poulains que l'on peut saisir et
réduire à l'esclavage les chevaux les plus capables de travailler.
La seconde cause est la chasse que leur donnent à tout instant
les malencontreux employés des douanes placés sur la côte; ils
tuent à coups de fusil ceux qu'ils aperçoivent, afin de les empêcher, disent-ils, de nuire aux jeunes pousses des pins plantés
dans les landes pour en fixer les sables. On a bien remarqué que les
chevaux se jettent dessus ces pousses, qu'ils les broutent en dé-
sespérés, surtout lorsque l'herbe est détruite par les vents chauds
du sud, ou lorsqu'elle est, en hiver, couverte par la neige ou par
les eaux; mais est-ce une raison pour détruire une espèce de cheval fort intéressante?

tous les éléments pour relever dignement nos races ; prenons donc cet objet à cœur, et commençons par ne plus faire saillir les pouliches à trente mois : une fécondation aussi prématurée nuit aux produits, qui demeurent faibles, sont mal constitués, et par suite incapables de tout service. Veillons au choix des convenances réciproques entre l'étalon et la jument dans la grande opération de l'appariment ; c'est de lui que dépendent le succès de l'amélioration et l'excellence des poulains. Craignous de tomber dans la faute grave de ces propriétaires qui, pour céder à la coupable préférence accordée par le commerce et l'engoûment, unissent ensemble, depuis 1827, le grand cheval anglais, dont l'allure est si droite et si étrange, et la jument limousine, si jolie, si souple et si élégante. Les métis qu'ils obtiennent ne feront jamais une bonne race ; ils ont plus de taille, mais ils ne possèdent point cet ensemble de formes gracieuses, cette élasticité de mouvements et cette liberté d'épaules qui caractérisent notre race limousine. Pour améliorer une race on doit toujours recourir à la souche primitive, ou du moins estimée telle, et remonter à certaines époques les ressorts de la nature par le renouvellement des étalons.

Gardons-nous de suivre l'usage adopté dans le **Boulonnais** (Pas-de-Calais) de fatiguer les juments pour avoir des poulains que l'on cède aux herbagers des rives de la Seine, lesquels ne les demandent que pour paître l'herbe fine laissée par leurs bœufs. On y cite souvent des juments qui, à peine

âgées de vingt-trois ans, ont donné vingt poulains.
Né d'un sordide intérêt, ce mode affreux ne laisse
même pas le temps de choisir l'étalon et pousse
à tous les excès de la dégénérescence. Aban-
donnons, de plus, le funeste système actuel des
courses; elles multiplient les tares accidentelles
et les rendent héréditaires; la vitesse qu'elles demandent comme qualité suprême ne se reproduit
pas uniforme à chaque génération, et par conséquent elle demeure sans ressource pour l'avenir;
en cherchant à l'imposer aux individus on a détruit chez eux la richesse patrimoniale dont leur
race était dotée : j'entends parler de la puissance
musculaire, de la force de la constitution, de la pureté des articulations. La vitesse, en effet, affaiblit
singulièrement les autres mérites; elle entraîne
le rapetissement de la poitrine, l'apauvrissement
des muscles et détermine l'allongement déme-
suré des jambes qu'exige le besoin de la rapidité.
Les courses ne conviennent que dans un seul cas,
celui d'imprimer une qualité de plus sans nuire
aucunement aux qualités de tout bon cheval de
service : ces courses sont celles au trot et de chevaux attelés à une voiture chargée. Hors de là, je
le dis sans détour, les courses ne sont qu'une dis-
traction pour le riche, une ruine pour le cultivateur, une arène pour les parieurs et les agioteurs :
c'est là cependant tout ce que nous avons emprunté
des courses anglaises dites au clocher, *steeple
chase*, et aux barrières, *hurdle race!*

Que demandons-nous à un cheval? C'est de répondre amplement aux besoins du cultivateur, du maître de poste, du cavalier. Qu'appelons-nous un bon cheval? Celui qui réunit la vitesse, la vigueur, la force, la persistance et toutes les beautés de la race à laquelle il appartient. Eh bien! vous ne le trouverez point dans le cheval que l'on destine aux parades de la course. Malheur donc, cent fois malheur à l'éleveur s'il va puiser ses éléments dans les limites et l'exigence de leurs épreuves!

Je terminerai par répondre à une question qui m'a été faite dernièrement et dont la solution se lie étroitement au sujet qui m'occupe. Un cheval coûte-t-il plus à élever que le cultivateur ne peut le vendre ensuite? Cette question est assez grave, puisqu'elle a pour but de combattre une idée défavorable à la propagation de l'espèce et à prouver que l'élève des chevaux est lucrative pour le cultivateur du moment que sa jument, de bonne qualité, est, comme je l'ai dit tout à l'heure, en rapport de convenances avec un étalon de choix. Voici, je pense, un calcul qui le démontrera au plus incrédule.

En supposant que le jeune cheval, qui ne travaille pas, mange 10 kilogrammes de fourrage sec provenant des prairies artificielles et estimé à 18 fr. le millier [1], il consommera, durant les six derniers mois de sa première année, 1786 kilo-

---

[1] On n'a pas déduit du coût du cheval le prix des fumiers qu'il donne, parce que ce prix est censé devoir être porté en diminution de celui du fourrage qu'il consomme: autrement ce fourrage coûterait au cultivateur plus de 18 fr. le millier pesant.

grammes de fourrage, pendant les deux années suivantes 7146 kilogr., ce qui donne, pour les trois
premières années, un total de 8933 kilogr., dont
la valeur en argent est de 328 fr. Je ne parle pas
de la quatrième année ; le cheval paie alors par
son travail ce qu'il coûte de nourriture. Ajoutons
maintenant à la somme totale obtenue les suivantes,
que nous porterons au plus haut, savoir : 10 fr. pour
la saillie de la jument, 30 fr. pour frais de garde,
60 fr. d'intérêt de la valeur pécuniaire avancée
à 10 pour 100, plus 50 fr. pour dépenses de la jument et accidents imprévus, et nous aurons un total de 478 fr. de frais qui représenteront la valeur
du cheval à l'âge de trois ans. Il y a de l'exagéra-
tion dans ces sommes ; mais, en reconnaissant même
que l'élève ait exigé la mise hors de cette somme,
il ne coûtera pas plus que sa valeur réelle à l'âge
de quatre ans, où il devra valoir 500 fr. au moins,
s'il est, ainsi que je dois le croire, d'une bonne
race et s'il a été soigné convenablement. Si le
millier pesant de fourrage, au lieu de revenir au
cultivateur à 18 fr., ne lui coûtait que 16 fr., que
15 même, ainsi que cela se voit partout où l'exploitation des terres est bien entendue, son cheval étant vendu de 6, 7 à 800 fr. comme propre au
trait, comme excellent cheval de carrosse, ou
bien 12 à 1500 francs comme cheval de selle, il
aurait un brillant bénéfice et courrait encore la
chance de mériter sa part dans les encouragements promis et alloués pour l'amélioration des
chevaux. Il y a donc intérêt réel pour le proprié-

taire rural de ne point négliger l'élève des chevaux, et, lorsqu'il est bien déterminé à se livrer à
ce genre de spéculation, de le faire avec autant de
soin que d'intelligence.

———

Un mot sur la Houille *considérée comme amendement des terres cultivées, des vignes et des prairies
tant naturelles qu'artificielles.*

La Houille est une substance noire, opaque,
tendre, brillante, bitumineuse, souvent feuilletée,
d'une saveur âcre, dégageant de l'acide sulfurique,
qui appartient aux terrains secondaires et se com-
pose de 60 à 75 pour 100 de carbone, avec des
quantités plus ou moins notables d'hydrogène,
d'oxygène et d'azote. Sa formation appartient à la
deuxième époque géologique, c'est-à-dire à celle
des terrains intermédiaires et secondaires ; elle est
d'origine végétale [1] et due paticulièrement aux
Characées, aux Roseaux et autres plantes d'eau
douce, ainsi qu'aux Graminées gigantesques et
Fougères arborescentes vivant dans le voisinage
des eaux courantes. La présence de l'azote, variant depuis 6 jusqu'à 16 pour 100, est une preuve
incontestable que des matières animales s'y trou-

[1] Le bois à l'état fossile qui fait partie des terrains houilliers
sert de transition aux bois végétant sous nos yeux et lie les âges
du monde actuel à ceux du monde ancien, c'est-à-dire du monde
qui fut d'abord circonscrit aux montagnes primitives et secondaires.

vent aussi agglomérées et que le rôle qu'elles ont
été appelées à jouer sur l'accumulation des végétaux était nécessaire à leur fermentation, afin de
rendre plus facile la combinaison de la houille
avec ses différentes bases et les amener à une cohésion plus intime [1].

Nous connaissons plusieurs variétés de Houilles,
savoir : la *Houille compacte*, douée d'un éclat rési-
neux, d'une cassure présentant des creux et des
reliefs arrondis, ou conchoïdes selon l'expression
des minéralogistes; la *H. granulaire*, qui semble
être une réunion de petits fragments; la *H. polyè-
dre* aux formes ordinairement rhomboïdales, ou
dont les angles sont inégaux, deux étant aigus et
les deux autres obtus; la *H. réniforme,* c'est-à-dire en
rognons plus ou moins volumineux disséminés
dans les matières terreuses de la formation houil-
lère; la *H. schisteuse*, qui se divise en feuillets à cassure inégale et même conchoïde; et la *H. terreuse*,
qui se trouve sous forme de matière noirâtre,
pulvérulente, tachant les doigts. La distinction la
plus générale se réduit à deux, la *H. grasse* et la
H. sèche.

La Houille grasse ou en amas est de première
formation; elle présente toujours des couches su-
perposées, séparées les unes des autres par une
série de couches de grès micacé, de schiste ou d'argile qui se répètent plusieurs fois (deux à soixante)

---

[1] Les dépouilles animales, surtout les ossements de grands qua-
drupèdes et les quelques coquilles blanches et entières qu'on y
rencontre, sont là pour nous attester aussi leur présence.

dans le même ordre : ce gisement renferme une houille peu friable, la plus légère, la plus noire, en un mot de la meilleure qualité, celle qui donne lieu aux exploitations les plus importantes. La Houille de deuxième formation, dite *Houille sèche*, est maigre, pesante, plus solide et moins noire que la Houille grasse ; elle appartient aux chaînes de montagnes du second ordre, appuyées sur la base des Alpes et des Pyrénées, et la puissance ou épaisseur de ses couches variable depuis 16 centimètres jusqu'à 12 mètres au plus.

En France la masse de Houille est loin d'avoir les proportions colossales des houillères de l'Angleterre et de l'Écosse ; cependant son sol est bien pourvu de cette riche substance. Elle exploite, en effet, année commune, plus de 30 millions de quintaux métriques de Houille, qui produisent une valeur, sur le carreau même des mines, de 33 millions de francs. Quarante-un départements en renferment des gîtes, savoir : l'Allier, les Hautes et les Basses-Alpes, l'Aude, l'Ardèche, les Ardennes, l'Aveyron, les Bouches-du-Rhône, le Calvados, le Cantal, la Corrèze, la Creuse, les Deux-Sèvres, la Dordogne, le Doubs, le Finistère, le Gard, le Haut et le Bas-Rhin, la Haute-Loire, la Haute-Marne, la Haute-Saône, l'Hérault, l'Isère, la Loire, la Loire-Inférieure, le Lot, le Maine-et-Loire, la Manche, la Moselle, la Nièvre, le Nord, le Pas-de-Calais, le Puy-de-Dôme, les Pyrénés-Orientales, le Rhône, la Saône-et-Loire, le Tarn, le Var, Vaucluse et les Vosges.

Les masses les plus considérables sont situées à Saint-Étienne, Rive-de-Gier et environs (Loire), à Anzin et Raisme (Nord); viennent ensuite celles placées à Litry (Calvados), à Carmeaux (Tarn), au Creusot et à Blangy (Saône-et-Loire), à Champagny et Rouchamps (Haute-Saône), etc.

Dans toutes les localités la Houille paraît tenir le milieu entre la tourbe, que nous examinerons plus tard, et le charbon de terre, dont on se sert comme combustible économique, non-seulement pour les foyers, mais surtout pour les établissements industriels. Elle existe le plus souvent à la surface des mines de charbon fossile dont elle est l'indice, disons mieux, le précurseur. On en retire une espèce de goudron fort employé pour la marine, et par une nouvelle distillation du bitume et une huile essentielle empyreumatique qui ont aussi leur point d'utilité [1].

De son côté, l'agriculteur est allé demander à la Houille un amendement, quoiqu'elle soit par elle-même infertile, qu'on ne peut faire croître aucune plante partout où elle se montre pure, si finement réduite en poudre qu'elle soit. Il a dédaigné justement le préjugé qui veut qu'elle frappe de stérilité la terre par les émanations qui s'en échappent. Mais il est bon qu'il l'emploie avec pru-

---

[1] La Houille est toujours pénétrée de bitume; c'est lui qui produit la flamme et l'odeur qu'elle dégage en brûlant : l'anthracite et le coke ne sont autre chose que de la Houille privée de bitume, le premier naturellement, le second artificiellement.

dence. Indiquons ce qu'il importe de faire pour que l'application soit utile et régulière.

Elle convient uniquement aux terrains forts, argileux, compacts, glaiseux, tenaces à l'excès ; elle en facilite la division ; elle les empêche de garder trop longtemps l'eau dont ils sont imprégnés et que d'ordinaire ils ne laissent ni égoutter ni évaporer. La Houille, en effet, agit sur eux de même et peut-être plus efficacement que les cendres de bois, le charbon végétal, le sable pur, les plâtras et décombres, les marnes sableuses, l'argile cuite et pilée réduite en poudre ; on l'incorpore dans le sol par de fréquents labours, c'est le moyen de l'obliger plus vite et plus sûrement à s'interposer entre les molécules du sol, à les diviser, à les forcer à se pénétrer des sucs nourriciers que l'air, la lumière, l'humidité, le contact direct avec les ondulations et les variations atmosphériques leur apportent, et par suite à payer par de bonnes récoltes les travaux du cultivateur et de ses auxiliaires dévoués.

Sortant de la mine, il est dangereux de faire usage de la Houille ; il est indispensable qu'elle soit exposée assez longtemps à l'action de l'air pour y subir une première décomposition, pour y recevoir d'utiles modifications. On peut hâter ce moment en la remuant de temps à autre ; il n'est point rare de la voir s'enflammer lentement, surtout quand elle est humectée d'eau. Sa flamme est blanche, et sa masse semble se fondre en se consumant. La matière huileuse et bitumineuse qu'elle contient lui donne la propriété de se résoudre en cendres produisant de merveilleux effets sur les prairies naturelles et artificielles [1]; elles dessèchent avec promptitude celles qui sont marécageuses ou simplement humides, elles les nettoient de toutes les plantes parasites et le préservent des ravages des insectes.

La suie extrêmement abondante provenue de cette Houille brûlée par les forgerons, par les établissements industriels ou dans le foyer domestique, répandue au premier printemps, est un excellent engrais [2]. Son âcreté tue tous les insectes, principalement la courtillière et la larve du hanneton au moment où elle se rapproche de la surface du sol pour subir sa dernière métamophose. Aux environs de Liège elle a purgé les houblonnières des chenilles de l'Hépiale [3]. Au pied des arbres fruitiers je l'ai vu éloigner les fourmis et le puceron

[1] Il faut, si on les achète, prendre garde de les confondre avec les cendres des tourbes pyriteuses comme celles du Soissonnais et du Laonnais.

[2] Cette époque est de rigueur : devancée, la suie serait entraînée par les pluies ; trop retardée, la suie se dessèche et produit fort peu d'effets.

[3] Cette chenille vit dans les racines du Houblon et lui cause souvent de grands dégâts ; elle a seize pates, le corps presque lisse et la bouche armée de fortes mâchoires avec lesquelles elle coupe la partie du végétal dont elle se nourrit. Parvenue à son entier accroissement, elle file une coque deux fois plus longue que la chrysalide, d'où celle-ci sort pour s'approcher du sol et devenir papillon de nuit, au corps fauve, aux pates rougeâtres, au thorax couvert de poils blancs serrés, aux quatre ailes fauve-grisâtres en dessous, d'un blanc argenté par dessus, chez le mâle, jaune-d'ocre pour la femelle.

émigrant si fâcheux pour le pêcher et les pommiers [1].

On applique aussi parfois la Houille sur les terres labourables compactes et humides que l'on destine à donner une récolte de pois, de vesces, de lentilles, ou bien de trèfle, de sainfoin, de luzerne, dont elle double le produit. Alors on l'emploie, comme la marne, tantôt telle qu'on l'extrait de la terre, tantôt calcinée, mais en moindre quantité, et on la répand par un temps pluvieux. Dans une terre siliceuse et aride, surtout si l'année est sèche, cet amendement est plus nuisible qu'on ne le pense. Les froments semés immédiatement après son application demeurent fort longtemps verts, ils mûrissent avec difficulté et sont sujets au miellat [2] : aussi, pour éviter ce triple inconvénient, doit-on toujours faire précéder la culture des Céréales par une récolte de plantes légumineuses-fourragères.

Sur les rives de la Moselle et du Rhin, princi-

[1] Je me propose de donner prochainement une note détaillée sur cet insecte.

[2] Matière visqueuse et sucrée, plus ou moins liquide, qu'on observe sur les feuilles de certaines plantes herbacées et plus particulièrement sur celles qui sont ligneuses. Dans sa forme la plus récente ou première, elle se présente en menues gouttes arrondies, rapprochées sans se toucher ni se confondre ; en les comptant on nombrerait les pores des feuilles ; ensuite cet enduit, plus ou moins sec, se montre étendu sur toute la feuille et même d'autres parties de la plante. C'est une extravasation du cambium que les arbres verts fournissent deux fois l'année, au printemps sur les feuilles de l'année précédente, et plus tard sur les feuilles nouvelles.

palement aux pays voisins de leur confluent, on est dans l'usage de porter tous les deux ans sur les vignes et de placer au pied de chaque cep de la Houille réduite en terreau noir et friable. Elle les améliore d'une manière très-sensible et durable; cependant on lui reproche d'imprimer au vin un goût de succin ou de pierre à fusil. Le fait est certain, mais il ne nuit point à la qualité de la liqueur si justement réputée de Hochkein et de Rhingaw. Loin d'être un vice, les amateurs le regardent comme un mérite de plus.

Je dois mentionner une autre reproche fait à la Houille, celui de causer diverses incommodités plus ou moins graves aux bestiaux nourris avec les herbages venus dans les prairies amendées par elle. Si ces plantes sont trop nourrissantes, il faut les administrer en petite quantité, les stratifier avec de la paille, principalement aux approches de l'hiver, et faire boire l'animal avant qu'il se mette à les manger.

S'il est vrai, d'une autre part, que la Houille épuise à la longue les terres, et que, comme ceux de la chaux, ses mauvais effets soient alors difficiles à réparer, pour prévenir un semblable inconvénient et profiter des avantages que présente l'emploi de cette substance, on mêle la Houille avec de la terre calcaire, on remue souvent le mélange afin de le rendre homogène et on le répand modérément. Ceci est encore un point à bien examiner.

NOUVELLES AGRONOMIQUES.

La découverte récente qui réduit en poudre la betterave coupée par tranches séchées au four met la racine de cette plante en état d'être conservée longtemps; elle en rend le transport très-facile sans dépouiller aucunement la pulpe de ses propriétés saccarines; elle lui enlève seulement ce qu'elle a de trop aqueux, ainsi que les sels ammoniacaux qui se décomposent par l'évaporation et nuisent beaucoup à la fabrication du sucre, quand les racines, râpées et devenues bouillie épaisse, étaient soumises à une ou plusieurs pressions. Cette découverte est donc très-avantageuse pour le manufacturier, puisqu'il peut désormais, en tout temps et suivant les besoins du moment, se livrer à son industrie; elle l'est aussi pour l'agriculteur, puisqu'il lui est loisible de garder ses betteraves sans crainte de les voir fermenter et se perdre, qu'il peut les transporter à jour fixe sans nuire à ses autres travaux, sans trop fatiguer ses bêtes de somme ni déranger ses ouvriers.

De même que la pulpe verte et celle sortie des sacs après l'extraction de la matière sucrée par la pression suivant la méthode d'abord employée, la pulpe torréfiée s'administre aux bestiaux, surtout aux bœufs, aux vaches et aux bêtes ovines. L'usage en est très-répandu dans le département du Nord et en particulier dans les environs de Valenciennes. On l'humecte avec de l'eau; douze ou vingt-quatre heures sont nécessaires pour l'imprégner également partout; les animaux la mangent alors avec une grande avidité. Sous ce nouveau point de vue la betterave torréfiée devient une ressource assurée pour la saison de l'étroit, c'est-à-dire quand les fourrages manquent; elle devient de plus très-facile à transporter et donne un objet de commerce aussi important que celui de l'avoine.

—

J'entendais dernièrement recommander l'emploi de la vapeur pour faire fonctionner la charrue, le semoir, la herse et les autres machines indispensables à l'agriculture. On vantait avec une certaine complaisance les charrues à vapeur que déjà les Anglais voient sillonner leurs champs; on vantait la vitesse du travail, qui peut être confié à l'homme le moins adroit et le moins instruit, enfin on citait comme merveilleuse la régularité des sillons ouverts sur une terre, même non préparée et applanie, lesquels ont 56 centimètres de large sur moitié de profondeur.

Sans aucun doute, il est impossible de contester les avantages de la vapeur sur la navigation, mais en est-il de même pour les opérations de la maison rurale? La rareté des bras dans la campagne, la cherté de la main-d'œuvre sont-elles poussées en France au même point qu'en Angleterre, où les lois les plus aristocratiques du monde ont fait successivement disparaître la petite et la moyenne culture, ont réduit le nombre des propriétaires ruraux à 589 mille sur une population de 16 millions d'habitants, et sont la cause sans cesse pullulante du paupérisme [1]? Croit-on avec la charrue à vapeur satisfaire aux habitudes agricoles de la France, faire subir de grandes diminutions aux prix des céréales et empêcher par là la concurrence des grains provenant d'autres parties de l'Europe, ou mendiés, par un faux calcul, aux régions voisines de la mer Noire? Je ne partage en aucune manière de semblables opinions.

La France est éminemment agricole. Sur une population de trente-deux millions d'habitants, elle compte quatre millions huit cent trente-trois mille propriétaires grands ou petits, exploitant son sol et employant au moins quatre ouvriers l'un portant l'autre, ce qui donne un total de 19,332,000 personnes occupées aux travaux de la terre. L'admission des machines chez nous serait un fléau bien plus désastreux qu'il ne l'est chez nos voisins trop vantés d'outre-Manche. Le grand travail ma-

---

[1] Ces mêmes lois cherchent depuis longtemps à atténuer la marche progressive du paupérisme et à couvrir toute l'horreur de cette plaie rongeante. Elles ont créé une taxe en faveur de l'indigence qui ne remplit nullement le but, puisqu'elle dépasse toutes les prévisions. Cette taxe, de 1673, époque de son établissement, à 1803, était de 700,000 livres sterling (18,900,000 de ncs francs), est arrivée aujourd'hui à la somme excessive de 7,658,710 livres sterling (191,659,200 francs), sans pour cela diminuer en rien la masse des crimes, le nombre des suicides ni la misère incessante du peuple.

nuel est la source de la prospérité de la France ; il a maintenu la patrie dans son indépendance ; l'activité de ses intelligences, la puissance de ses forces, à travers la longue série de sacrifices exigés par des luttes de plus d'un demi-siècle, malgré les horreurs de deux invasions, la mauvaise administration de ses finances, la soif inextinguible des sangsues politiques, la stagnation du commerce, le trop-plein de nos fabriques, l'absence d'un Code rural, l'immense étendue de terres encore à défricher[1], et les inquiétudes qui, trop souvent, troublent la paix de nos familles et rendent quelquefois le repos public incertain.

Ce n'est pas lorsque tout oblige à reporter sur les travaux agricoles la population nécessiteuse, dont la plupart de nos grandes villes sont encombrées, qu'il convient de parler de charrues à la vapeur, etc. ; ce n'est pas quand la force des circonstances actuelles appelle le législateur à pourvoir au dénûment de ceux qui, réduits à l'indigence par le manque de travail, sont hors d'état d'acquérir le champ qu'ils auraient la bonne volonté de cultiver, et en même temps faire en sorte que ce champ puisse être mis à leur disposition, qu'il peut être licite de proposer l'application de la vapeur aux travaux rustiques. La tâche de l'homme

[1] On en estime la superficie totale à 5,676,089 hectares. On pourrait, en confinant l'adoption des machines dans les manufactures et les usines, rendre cette superficie exploitable en faveur des ouvriers, auxquels les machines ôtent les moyens de vivre, et que le système absurde des nouveaux priviléges dépouille d'un avenir heureux.

de bien est d'éclairer sur les moyens à employer pour donner à la patrie les plus sûres garanties de prospérité, pour combler de suite l'immense lacune laissée jusqu'ici dans la législation et de repousser de tous ses moyens les propositions irréfléchies.

A mon sens, le moyen le plus prompt et le plus honorable c'est d'attacher à la réforme l'espoir de participer un jour aux avantages et aux droits inhérents à la propriété foncière, c'est de concéder gratuitement les terres à exploiter, soit qu'elles proviennent des parties de notre territoire demeurées incultes jusqu'ici (telles que les terres vagues appartenant à l'État ou aux communes, etc.), soit qu'elle proviennent d'acquisitions à prix d'argent. Que dans l'Angleterre, toute aristocratique, il soit permis ou bien utile, comme le disent ses organes, que les classes inférieures de la société ne puissent prétendre à jouir de propriétés foncières, je ne m'en occupe pas, c'est l'affaire du pays ; mais je suis Français, et l'intérêt de ma patrie veut que je dise, contrairement à la théorie de Malthus et de ses disciples, que la France ne doit pas tolérer plus longtemps le paupérisme dans son sein ; elle verra toujours sans danger sa population s'accroître tant que la propriété territoriale, complétement libre et sans entraves, sera divisée, cultivée par les bras du plus grand nombre, et qu'elle pourvoira à tous les besoins des familles.

On nous apprend que des horticulteurs de nos départements du Midi, voulant retarder de quinze jours au moins l'épanouissement si précoce des fleurs des Amandiers et des Pêchers, ont imaginé d'aérer les racines, de les exposer à l'action du froid en déchaussant une partie de l'arbre durant l'hiver. Quoique plusieurs de ceux qui ont employé ce moyen nous assurent avoir ainsi préservé les arbres des gelées tardives et obtenu des fruits en abondance, ils nous permettront d'appeler de nouvelles observations à ce sujet, leur assertion détruisant une partie des faits recueillis par les agriculteurs les plus instruits et se trouvant en contradiction manifeste avec l'expérience que nous avons acquise. En pénétrant dans les terres fertiles, en celles des jardins surtout, qui sont douces, substantielles et habituellement remuées par de profonds labours et par des engrais, le froid entraîne la perte totale des végétaux qui s'y montraient peu de jours auparavant si brillants de jeunesse, d'une vigueur si remarquable et d'une luxuriance qui semblait devoir tout braver. Je sais bien que sur les terres compactes où l'eau de pluie pénètre fort lentement et ne descend pas au-delà d'un petit nombre de millimètres, les plantes de toute nature supportent beaucoup mieux les rigueurs du froid sans en éprouver une altération sensible; mais en est-il réellement de même des arbres indiqués que l'on déchausse et dont on expose les racines à toutes les variations de la plus fatigante saison de l'année, à tous les désordres des intempéries? S'ils résistent une fois à un hiver peu ou point rigoureux, peut-on en conclure que l'essai tenté, qu'un premier résultat doit servir de règle certaine? J'exprime un doute, plus tard je prononcerai en parfaite connaissance. En attendant j'ai besoin de dire que si la Rouille (le blanc, la lèpre, le meunier, comme l'appellent quelques horticulteurs et praticiens) est si funeste aux Amandiers et aux Pêchers lorsque des pluies froides et abondantes ont lieu vers la fin du printemps et durant l'été, tout me porte à croire que ceux de ces arbres que l'on cultive en buissons et en plein vent ne résisteront pas à l'épreuve à laquelle on veut les soumettre.

—

Les luzernières, les champs couverts de trèfles ou d'autres fourrages de la famille des Légumineuses sont exposés depuis une quinzaine d'années, dans le Midi, surtout dans les départements du Sud-Ouest, aux dévastations de la larve d'un coléoptère appelé *Colaspis barbara* et *atra* par les entomologistes, et communément désigné sous les noms de *Couque* et *Negril*. Cette larve vorace, que l'on peut assimiler, pour les dégâts, à celle du rhinocéros et du hanneton, se jette sur les plantes indiquées, et en peu de temps il ne reste, sur de grandes étendues, que la base des tiges, que les pétioles dépourvus des folioles. Elle est hexapode, noirâtre, glabre, longue de sept millimètres sur deux environ d'épaisseur. Devenu insecte parfait, le Colaspe noir a 4 millimètres environ de long ; il est ovale, très-noir, avec la base des antennes fauve ; du reste, sa structure générale le fait aisément confondre avec les Chrysomèles. Il s'accouple lorsque la première coupe de la luzerne a atteint en partie son développement. Les œufs sont jaunes, pondus par groupes ; la larve en sort peu de jours après. Du moment que l'on remarque sa présence par ce qu'on appelle des *tonsures,* il faut s'armer d'un sac court, large, peu profond, formé d'une toile grossière et forte, fixée autour d'un cerceau et placée au bout d'un long manche. C'est à peu près le filet-faucheur des entomologistes. On le promène sur le champ affecté en imitant le mouvement du faucheur, et en moins de deux minutes le fond du sac contient plusieurs kilogrammes de larves que l'on écrase de suite sous les pieds pour recommencer aussitôt la chasse.

—

Le temps apporte avec lui des enseignements qu'il faut recueillir soigneusement pour en profiter et les transmettre à nos enfants. En voici un qui détruit bien des illusions. On vante beaucoup, et moi-même j'ai vanté le Blé de miracle comme une variété hâtive, remarquable par le luxe de sa végétation, fournissant beaucoup de chaumes, de nombreux épis et des grains très-beaux. Une culture longuement suivie vient de nous apprendre,

1° que cette variété appartient au froment à épi simple; 2° qu'elle est due à la culture favorisée par la température élevée de la Barbarie et de la Sicile, de qui nous l'avons reçue; 3° que les circonstances inconnues qui ont concouru à sa formation et à enrichir son développement venant à disparaître ou bien à s'affaiblir, elle est insensiblement ramenée à son type primitif. En effet, le Blé de miracle rapporte par hectare, durant la première et quelquefois la seconde année, cinquante hectolitres de très-beaux grains; ses touffes vigoureuses donnent de six à sept chaumes rameux et chargés de magnifiques épis. Les deux années suivantes le produit varie de trente-trois à trente hectolitres; les rameaux diminuent de nombre et de vigueur, beaucoup d'épis simples se montrent sur les chaumes les plus élevés, et ceux-ci sont moins nombreux que les chaumes devenus bas, faibles et tardifs. A la cinquième année, le Blé de miracle cesse d'être rameux, son grain perd sa forme, il n'est plus rond, sa belle couleur jaune passe au blanchâtre, et le produit total arrive à peine à vingt hectolitres. A la sixième, il n'est plus reconnaissable; les avantages qui nous ont flattés dès les commencements de l'expérience sont au-dessous de ceux plus constants de l'espèce type. Nous ne verrons donc plus désormais le blé tant préconisé que d'un mauvais œil; nous lui reprocherons la petitesse de son grain, la quantité de son qui surcharge sa farine bise, la place considérable qu'il usurpe alors que ses chaumes développent une forte végétation et se garnissent de longues et larges feuilles; nous lui reprocherons en outre, non-seulement la difficulté que l'épi rencontre à sortir de son fourreau, mais encore la longueur des barbes qui terminent les balles calicinales et les illusions qu'il a fait naître.

—

A dater du 1er janvier 1840 le système métrique décimal des poids et mesures, rendu à sa pureté primitive par la loi du 4 juillet 1837, devient enfin exécutoire sans restriction aucune pour les transactions particulières comme pour les grandes opérations de l'agriculture et du commerce. Il y aura donc désormais régulière uniformité de poids et de mesures pour toute la France. L'œuvre immense et philantropique conçue par la Convention nationale est enfin accomplie : c'est la preuve réelle d'un progrès notable.

Voici les noms de la nouvelle métrologie :

Les *mesures de longueur* sont le double-décamètre, le décamètre, le demi-décamètre, le double-mètre, le mètre, le demi-mètre, le double-décimètre et le décimètre.

Les *mesures de capacité pour les matières sèches* sont : l'hectolitre, le demi-hectolitre, le double-décalitre, le décalitre, le demi-décalitre, le double-litre, le litre, le demi-litre, le double-décilitre, le décilitre et le demi-décilitre.

Les *mesures de capacité pour les liquides* sont : le double-litre, le litre, le demi-litre, le double-décilitre, le décilitre, le demi-décilitre, le double-centilitre, le centilitre.

Les *poids en fonte de fer* sont : 50 kilogrammes, 20, 10 et 5 kilogrammes; le double-kilogramme, le kilogramme, le demi-kilogramme; le double-hectogramme, l'hectogramme, le demi-hecto-gramme.

Les *poids en cuivre* sont : 20, 10 et 5 kilogram-mes; le double-kilogramme, le kilogramme, le demi-kilogramme; le double-hectogramme, l'hec-togramme, le demi-hectogramme; le double-déca-gramme, le décagramme, le demi-décagramme; le double-gramme, le gramme, le demi-gramme; le double-décigramme, le décigramme, le demi-décigramme; le double-centigramme, le centi-gramme, le demi-centigramme; le double-milli-gramme et le milligramme.

Les *instruments de pesage* sont : les balances à bras égaux, les balances-bascules et les romaines.

Les *instruments de mesurage* pour le bois de chauf-fage sont : le demi-décastère, le double-stère et le stère.

Pour se trouver en état de se soumettre de suite aux prescriptions de la loi et acquérir une con-naissance solide et vraie de la valeur de chaque poids et mesure métrique, il faut se procurer le *Nou-veau Manuel des poids et mesures, des monnaies, du calcul décimal et de la vérification* que vient de publier M. Tarbé. Ce petit volume in-18 de 474 pages [1] est

---

[1] Se trouve à Paris, chez Roret, libraire-éditeur de la collec-tion des *Manuels,* rue Hautefeuille, n° 10 *bis.* Prix : 3 fr.

le seul ouvrage essentiellement élémentaire, et par la perfection qu'il a reçu du fils de l'auteur il est désormais devenu livre classique. Tout s'y trouve réuni depuis l'historique du système métrique jusqu'aux éléments du calcul décimal appliqués à l'étude particulière de chaque sorte de poids et de mesures, leur rapport avec ceux précédémment employés et ceux en usage hors de France. On y lit aussi des renseignements nécessaires sur les monnaies nationales et étrangères, et toutes les lois publiées, afin que, au besoin, on puisse suivre ce qu'elles ordonnèrent successivement pour arriver au moment actuel, qui rend le système obligatoire pour tous, et savoir les peines qu'elles portent contre les déliquants. Le volume est terminé par la figure réduite des poids et des mesures.

Dans la vue de répondre aux besoins de tous, M. Tarbé publie en même temps, à l'usage des ouvriers et des écoles, un *Petit Manuel des poids et mesures* au prix le plus modique (25 centimes), qui renferme les notions indispensables et les rapports les plus usuels. Il a de plus composé un *Tableau synoptique* propre à être placé dans les ateliers, les boutiques, les études, et à l'aide duquel on peut immédiatement traduire en langage métrique l'expression de toutes les anciennes mesures. Prix : 75 centimes.

ÉCONOMIE DOMESTIQUE.

Conservation des Légumes frais, par **M. Braconnot.**

Deux moyens sont ordinairement employés dans l'économie domestique pour la conservation des légumes frais. On les recouvre d'une dissolution saturée de sel commun, ou bien on les expose, dans des vases très-exactement fermés, à une température plus ou moins prolongée, selon leur nature. Ce dernier moyen n'a pas, comme le premier, l'inconvénient de communiquer aux légumes un goût saumâtre; mais, à raison des difficultés ou des soins minutieux qu'il exige, il n'est guère employé dans les ménages que pour la conservation des petits pois ou de quelques fruits. A la vérité, on y supplée jusqu'à un certain point en recouvrant les légumes, préalablement cuits et bien égouttés, d'une couche de beurre ou de graisse légèrement liquéfiée. C'est ainsi que, pour la provision d'hiver, on conserve dans de petits vases l'oseille; mais celle-ci contracte quelquefois une saveur peu agréable, due sans doute à un peu d'air qu'il est difficile d'expulser complétement, et d'ailleurs la graisse qui a servi de couverture n'est plus propre aux usages alimentaires.

Dans l'espérance de remédier à ces divers inconvénients j'ai tenté de nombreux essais, qui.

la plupart, ont été infructueux. Ainsi, contrairement aux observations de Pringle, j'ai reconnu que les alcalis affaiblis, bien loin de retarder la fermentation putride, l'accélèrent d'une manière remarquable.

J'ai aussi essayé les acides, parmi lesquels le sulfureux semblait offrir des chances de succès, puisque ses propriétés anti-fermentescibles sont connues depuis longtemps, et que, d'ailleurs, il a été recommandé par John Davy pour conserver les pièces anatomiques. Il a sur les autres acides un avantage qui permet de l'employer de préférence : c'est qu'il contracte avec les tissus orgnanisés une affinité si faible que la chaleur suffit pour le dégager complétement.

Cependant, bien que, avec cet acide, je sois parvenu à conserver sans altération et pendant longtemps toutes sortes de légumes frais, il faut convenir que ceux dont la texture est naturellement serrée acquièrent à la longue bien plus de cohésion ; en sorte que leur cuisson devient si difficile que ce mode de conservation ne peut être recommandé à leur égard. Cet endurcissement n'est point dû, comme on pourrait le supposer, à l'acide sulfureux : il est l'effet du temps. Tout le monde sait que les légumes récemment cueillis cuisent incomparablement plus vite que lorsqu'on les a exposés pendant quelques jours à l'air, même avec la précaution de les asperger d'eau. Afin d'apprécier cet effet j'ai rempli une bouteille de jeunes haricots en gousses nouvellement cueillis, et, après avoir exactement bouché la bouteille, je l'ai exposée dans un bain-marie, seulement jusqu'à la température de l'ébullition. Quelques mois après ils avaient conservé leur belle couleur verte ; mais cinq heures d'ébullition soutenue, dans l'eau salée, n'ont pu déterminer leur cuisson, qui n'a été effectuée qu'avec une légère dissolution de potasse. Des pois verts conservés de la même manière ont fermenté, et on n'a pas mieux réussi à les cuire.

Voici maintenant les résultats satisfaisants que j'ai obtenus.

Une futaille munie d'une porte, à laquelle était fixé un fil de fer pour y suspendre une mèche soufrée, a été remplie, aux trois quarts, d'oseille récemment cueillie. On a mis le feu à la mèche et fermé la futaille, après avoir préalablement placé sur les feuilles un bout de planche pour les garantir des débris de la mèche en combustion. Après quelque temps d'action le tonneau a été agité, afin de mettre la surface des feuilles en contact avec l'acide sulfureux, qui a été absorbé peu à peu. On a encore méché à deux reprises différentes, en observant les mêmes précautions : alors l'oseille, après avoir laissé échapper son eau de végétation, semblait être cuite. On a introduit le tout dans des pots de grès qui ont été mis à la cave sans autre précaution que de les couvrir d'un parchemin.

Toute cette provision d'oseille a été consommée durant de l'hiver, et ce qui en restait encore dans la première décade d'avril suivant était à l'état le plus parfait de conservation. Quand on veut s'en servir il ne s'agit que de la laisser tremper quelques heures dans de l'eau. Elle n'exige pas alors plus de temps pour la cuisson que l'oseille nouvellement cueillie, et le goût en est aussi agréable lorsqu'elle a été convenablement accommodée.

De la laitue romaine, ou chicon, étiolée et tendre, exposée, en juillet, comme l'oseille à l'action de l'acide sulfureux, a absorbé ce gaz assez promptement, et s'est réduite à un petit volume, en abandonnant la majeure partie de son eau de végétation; elle a été mise ensuite à la cave avec une grande partie de cette eau dans un vase de grès couvert d'un parchemin. Cette laitue, avant d'être employée à la cuisine, a été préalablement immergée dans l'eau l'espace de douze heures; elle m'a fourni à plusieurs reprises, durant l'hiver, un très-bon mets que j'ai mangé jusqu'en avril, où il n'en restait plus.

De la laitue ordinaire et de l'endive blanchie par l'étiolement ont pareillement donné de bons résultats.

En mai des asperges méchées comme ci-dessus se sont ramollies en laissant échapper une portion de leur eau de végétation; on les a abandonnées à la cave avec la même eau dans un pot de grès fermé par un parchemin. Elles ont fourni, à différents intervalles, un mets fort recherché, surtout en hiver. Ce qui restait de cette provision d'asperges n'était pas encore épuisé au commencement d'avril suivant, où l'on en a mis encore à dégorger dans l'eau froide l'espace de 24 heures; après quoi on les a jetées dans l'eau bouillante contenue en un pot de fer muni de son couvercle, et on a entretenu l'ébullition environ une heure et demie, temps qu'elles ont demandé pour cuire. Apprêtées convenablement ces asperges avaient la plus belle apparence et ont été jugées très-bonnes.

D'après ce qui précède, on conçoit qu'à l'aide de l'acide sulfureux employé convenablement dans les circonstances que je viens d'indiquer il sera facile de conserver, sans la moindre difficulté, des masses considérables de matières alimentaires pour les faire servir utilement au besoin des familles nombreuses, et même des grands établissements et des hôpitaux.

On pourra alors substituer à la mèche soufrée un dégagement d'acide sulfureux obtenu par d'autres moyens; mais, je le répète, cet acide ne sera utilement employé qu'autant qu'on l'appliquera aux subtances végétales tendres, susceptibles de cuire promptement. Quant aux autres légumes, dont la texture est plus serrée que ceux indiqués, on peut aussi les conserver parfaitement par le même moyen, mais il faut préalablement les soumettre à la cuisson. C'est ainsi que des haricots verts en gousses peuvent être conservés aussi bons que pendant l'été.

ARTS INDUSTRIELS.

En considérant les matières colorantes renfermées dans le tissu de diverses espèces de Champignons on pourrait être tenté de les faire servir à l'art du teinturier, particulièrement le beau bleu de certains Agarics et surtout de l'espèce que les mycographes désignent sous le nom de *Agaricus epixylon*. Il est donc nécessaire de savoir que ces substances sont chez eux tout autrement formées que dans les autres végétaux colorifères, comme la Garance, les Renouées, la Betterave, le Raisin, etc., et qu'on aurait par conséquent tort de s'en rapporter aveuglement à ceux qui recommandent d'exploiter ces sortes de végétaux. Le tissu des champignons est un lacis de vaisseaux allongés, cylindriques, égaux sur toute leur longueur en diamètre, semblables entre eux, contournés et disposés par couches, de manière à constituer un dédale de fibres creuses, un peu noueuses, flexibles, molles et d'une transparence fort remarquable. Une mince tranche de cette partie si bien colorée, examinée avec soin, cesse de se montrer d'un bleu foncé, elle n'est plus que bleuâtre; ses molécules, de couleur intense, ne renferment que de rares globules bleus, des corpuscules sphériques d'un trois centième de millimètre, les uns un peu plus, les autres moins, qui n'éprouvent aucune modification par l'iode', le fait est constant, mais ils deviennent de

plus en plus rares dans les tubes des couches inférieures et disparaissent peu à peu; dans les tubes
de la chair blanche, il n'y en a plus.

—

M. Menotti nous annonce avoir découvert un procédé pour rendre imperméables à l'eau les étoffes
de toute sorte, même celles employées aux vêtements déjà confectionnés. Ce procédé a, dit-il,
sur ceux dont on s'est servi jusqu'à présent dans
le même but, l'avantage d'être très-simple et fort
peu coûteux. Il suffit de tremper l'étoffe dans la solution d'un savon de composition particulière, de la
tordre légèrement lorsqu'elle est parfaitement im-
bibée, et de la faire sécher horizontalement au
grand air; au bout de vingt-quatre heures elle est
déjà imperméable à la pluie, sans cesser pour
cela d'être perméable à l'air.

D'après les divers échantillons d'étoffes prépa-
rées par ce procédé, l'on peut juger de l'importance de cette découverte que, dans l'intérêt des
pauvres et des cultivateurs, le gouvernement devrait acheter à son auteur afin de la rendre publique, et par conséquent propriété de tous : ce serait un acte de patriotisme ; mais les ministres ont-
ils le temps de s'occuper du bien général, et les
fonds que la nation leur avance chaque année, en se
privant beaucoup, n'ont-ils pas une autre destination? A l'instar des Chambres, si complaisantes,
nous fermerions bien volontiers les yeux sur certaines dépenses tant soit peu scandaleuses, si de
temps à autre le peuple avait sa part.

VARIÉTÉS.

Quelques mots relativement au projet de loi présenté aux Chambres sur les Sucres.

Rien de plus impolitique, rien de plus anti-national que de chercher à violenter les intérêts toujours puissants de la mère-patrie pour satisfaire à ceux de quelques colonies lointaines ; de sacrifier l'agriculture et l'industrie de la première aux besoins actuels et au commerce des secondes; c'est solliciter de gaieté de cœur une crise fatale qui, tôt ou tard, pèsera de tout son poids sur la métropole et décidera de l'affranchissement nécessaire des colonies. A-t-on perdu de vue la cause première de l'énergique résolution des colonies anglo-américaines en 1764, et de l'indépendance qu'elles surent conquérir, proclamer et pour jamais fixer sous le drapeau des États-Unis? Veut-on, sous le spécieux prétexte de venir en aide à nos colonies, hâter pour nous un semblable événement? Montrez-leur d'une part l'immense sacrifice imposé à la mère-patrie, qui ne le permettra pas longtemps, de l'autre calculez l'atteinte portée sourdement aux intérêts communs et les tristes effets qui en seront le résultat : vous serez bientôt en état de juger de quel côté la foudre tombera.

Ces réflexions surgissent à l'esprit en sondant le mal que produira le projet de loi proposé sur les sucres, si, contre toute attente, il était accepté par le´ législateur. Écrit tout en faveur des colonies, ce projet tend à étouffer l'industrie du sucre de betterave, à donner une préférence marquée au sucre de canne, d'arrêter le brillant essor que prenaient depuis quelques années nos fabriques, la tendance qu'en recevait la consommation et les profits que l'agriculture et le commerce intérieur en retiraient. Déjà la loi du 18 juillet 1837, en fixant un droit de licence (de 50 fr.) à percevoir sur chaque établissement de fabrication du sucre indigène et un droit principal (de 10 fr. au 1er juillet 1838 et de 15 fr. au 1er juillet 1839) par cent kilogrammes de sucre brut, a nui singulièrement à cette branche importante d'une industrie nouvelle, étroitement liée chez nous à la marche progressive de l'art nourricier. La première période de l'impôt, fixée au 1er janvier 1838, a presque aussitôt amené la chute d'un quart de nos fabriques et refoulé la betterave dans les magasins du producteur sans espoir pour lui d'en tirer d'autre parti que sa conversion en engrais. La seconde période, que les colons sollicitent avec ardeur, et que le projet des ministres adopte en ce moment, tout en proposant un dégrèvement de 15 fr. sur le tarif prescrit par la loi du 26 avril 1833 sur le sucre de canne, serait positivement l'arrêt de mort de toutes les fabriques de sucre indigène et la condamnation à la plus complète inaction et par conséquent à la misère des milliers d'hommes qu'elles emploient encore aujourd'hui.

En vain on se flatterait de remédier à une bonne partie de cette affreuse résolution en rachetant les établissements existants, en indemnisant leurs propriétaires de tous les sacrifices par eux faits jusqu'à ce jour, d'abord pour atteindre au degré de développement et de perfection auquel est arrivée la fabrication, ensuite pour consolider une industrie toute nationale, tout entière fondée sur la production du sol, et qui doit permettre bientôt à la France de se suffire à elle-même sous ce point de vue. Il importe, c'est même un devoir pour le législateur, de considérer la masse ouvrière dont on va tarir la source du travail et de mettre tout en œuvre pour prévenir la crise soulevée, car elle prend chaque jour une attitude tellement hostile qu'elle nous menace d'un nombre incalculable de faillites, de non-valeurs, de désordres de toutes les sortes. La France, d'ailleurs, ne peut consentir à exclure de son sein la betterave; elle est devenue nécessaire, puisqu'elle est désormais liée à la rotation de nos cultures et qu'elle donne un travail assuré dans nos fermes durant la morte saison.

Si le sucre de canne ne peut soutenir la concurrence avec le sucre de betterave, s'il ne peut se livrer au bas prix auquel ce dernier descend volontiers pour répondre aux besoins du plus grand nombre et compléter l'œuvre patriotique du système continental, que le colon abandonne une spéculation ruineuse à laquelle on ne doit accorder aucun privilége aux dépens de l'agriculture nationale, aux dépens du sol de la mère-patrie, dont les colonies ne font qu'éventuellement partie. En effet, ne peuvent-elles pas en être détachées en peu de jours par les exigences d'une guerre injuste, par la colère des esclaves sur qui pèse l'impôt du sang, par l'impatience que soulève inévitablement dans l'âme du colon le joug d'un ordre exception- nel, en un mot, par l'exemple toujours contagieux des pays voisins, au nord, dont l'indépendance est acquise depuis 1778, au sud et à l'ouest, où la li- berté lutte sans cesse contre des partis qu'elle va bientôt réduire au silence. Que le colon reporte son industrie vers la culture du Café, du Thé, du Ca- caoier et des autres végétaux utiles qui deman- dent le ciel et la terre des contrées intertropi- cales et que nous ne rendrons jamais indigènes. Il entretiendra le mouvement de la marine mar- chande et facilitera par les objets qu'il nous four- nira le débouché réciproque de nos produits.

De son côté, que le fisc consente de bonne grâce à rendre moins lourdes ses prétentions, qu'il des- cende le chiffre des impôts qu'il perçoit sur les su- cres, et il en verra la consommotion cesser d'être stationnaire. Depuis 1824 l'Angleterre a baissé l'é- chelle des droits, et en peu de temps les 4 millions de kilogrammes de sucre qu'elle consommait par année se sont élevés à 15 millions de kilogrammes. Aux États-Unis le droit sur le café a été réduit à 5 centimes par kilogramme, et aussitôt la con- sommation, qui, depuis 1790, n'arrivait pas à qua- rante décagrammes par tête, est aujourd'hui de deux kilogrammes. Ces faits parlent assez haut pour n'être pas obligé de dire ici que l'abaissement des droits procurera le même avantage en France et que la consommation, considérablement augmentée, créera au fisc lui-même une ressource qui demeurera constante s'il ne la voit point croître de plus en plus.

Nous concluons donc du peu de lignes qui précèdent : 1° au rejet absolu du projet de loi présenté, comme attentatoire à l'agriculture et à l'industrie françaises ; 2° à déclarer libre le commerce des sucres coloniaux, en frappant seulement du droit entier établi par la loi de 1833 ceux qui seraient chargés sur des bâtiments étangers ; 3° de descendre de moitié et même des deux tiers l'impôt mis sur chaque 100 kilogrammes du sucre indigène, afin que tous les citoyens puissent en consommer telle quantité ils jugeront convenable ; 4° de supprimer totalement le droit de licence à percevoir sur les fabriques existantes ou à élever par la suite ; 5° enfin d'accorder une prime aux colons qui livreront à notre commerce, au plus bas prix possible, la plus grande quantité de café, thé, cacao, rhum, indigo, bois de teinture et de contruction, etc., de parfaite qualité. Tous les intérêts seront ainsi protégés, une voie large sera ouverte aux branches de l'industrie, et la consommation appelée à compléter l'œuvre.

N. B. Nous dirons plus tard si notre voix a été entendue, si le bien public l'a emporté sur des intérêts privés et sur ceux du fisc.

BIBLIOGRAPHIE.

Dictionnaire des aliments et des boissons en usage dans les divers climats et chez les différents peuples, par A.-F. AULAGNIER. — Paris, 1839, imprimerie de Cosson. 1 vol. in-8°. Prix : 10 fr. Chez Cousin, libraire, rue Jacob, 25.

En publiant cet ouvrage, l'auteur, comme il le dit lui-même, s'est proposé de nous apprendre non-seulement les moyens de nous procurer la meilleure nourriture possible, relativement au lieu que nous habitons, à l'époque de l'année, à la température, etc., mais encore l'histoire naturelle de chaque substance alimentaire, son origine, ses principes constituants, ses propriétés, ses altérations et l'art de les reconnaître. La tâche était longue, les matériaux se trouvant épars dans de nombreux traités, et l'élaboration très-difficile ; plus les recherches ont demandé de veilles, plus la pensée qui les inspira honore M. Aulagnier. Le livre placé sous nos yeux en est le résultat : voyons s'il atteint réellement le but proposé.

Une des branches les plus importantes de l'art de vivre est l'étude approfondie de tout ce qui constitue la nourriture de l'homme, afin de l'augmenter, d'une part, des substances utiles négligées jusqu'ici ou nouvellement conquises par le naturaliste investigateur et par celui qui cultive la terre ; de l'autre part, la purger de celles qui surchargent plus l'estomac qu'elles ne nourrissent positivement de celles qu'une aberration du goût ou des organes digestifs, et de celles qu'une habitude vicieuse, consacrée par l'aveugle routine, ont rendues d'un usage plus ou moins général. Si donc, comme tout le prouve, de la nature de l'alimentation dépendent le développement régulier des forces physiques, leur constant équilibre avec les besoins actuels de l'âge et du tempérament, avec la nécessité du travail et le mode le mieux entendu pour en entretenir les sources, pour en réparer les pertes, il importe que celui qui veut nous éclairer sur ce point de haute hygiène soit familier avec les sciences naturelles, l'art de guérir, la physique, la chimie, et qu'il soit particulièrement initié aux pratiques de l'économie rurale et domestique, afin d'éviter le double écueil ouvert près de lui, la dépravation du gastronome qu'un premier excès décide à se gorger de viandes putréfiées, d'œufs fermentés de sauterelles, de fiente de cailles, etc.; les fautes grossières, où l'horreur de la misère entraîne le malheureux que la faim tourmente, et les écarts inexplicables dans lesquels l'imagination en délire pousse une femme durant les premiers temps que le fœtus se forme.

Hippocrate et Galien chez les anciens, La Bruyère-Champier, Lorry, Parmentier, Cadet-de-Vaux, Plenck chez les modernes, et Legrand d'Aussy pour la France spécialement, nous ont laissé des écrits aussi curieux qu'utiles sur les aliments et les boissons. M. Aulagnier a voulu faire plus, il a embrassé l'universalité des peuples, et c'est peut-être à tort, car il faut donner bien peu de créance aux voyageurs qui ont précédé Tournefort, de même qu'à ceux qui traversent un pays en poste, ou n'en visitent que les côtes comme les marins. D'ailleurs il est encore éloigné le temps où la chimie moderne nous dévoilera les principes constituants de toutes les substances animales, végétales et même minérales auxquelles on a demandé de quoi satisfaire l'appétit. Son livre n'est donc, sous ce rapport, que l'ébauche d'un autre plus complet, plus exact que l'humanité réclame de lui comme guide de la ménagère et du médecin.

M. Aulagnier a, par le fait même de sa publication, contracté l'obligation de la perfectionner; le premier pas nécessite le second: aussi, pour l'aider à marcher largement dans la voie qu'il s'est ouverte, nous estimons lui rendre service en signalant ici certaines taches que nous avons remarquées. Sans nous arrêter aux très-nombreuses fautes typographiques, ni aux titres des

ouvrages, ou bien aux noms propres cruellement estropiés (tels
que la table de Bruyerinus pour le traité *de re Cibaria*, par
Champier; *Dahly* pour *Dahl*, botaniste danois; *Basse-Arabie*
pour *Bessarabie*, pays assis sur la mer Noire; *Bagota* pour
Bogota, etc.), nous ferons observer : 1° qu'à l'article Andrachné
(et non pas *Adrachné*) il fallait, dans la vue d'éviter toute mé-
prise, dire que ce nom indique une espèce indigène d'Arbousier
(l'*Arbutus andrachne*), dont les fruits aigrelets peuvent être
mangés, et non pas l'Andrachné cadishaw de l'Inde, qui est vénéneux; 2° en parlant de diverses espèces de Champignons sous
des noms vulgaires ou forgés par Paulet, il convenait de désigner
les localités où elles sont comestibles, ou du moins dans lesquelles on peut impunément en faire usage, car le plus grand nombre est éminemment dangereux en France; 3° le Romarin n'est
alimentaire que pour les abeilles; la Pervenche ne l'a jamais été
dans aucun pays, pas plus que le repoussant *Phallus impudicus*
et les *Morchella* qui ont tant d'affinités vulgaires avec les Moril-
les; 4° qu'il ne faut point citer parmi les substances alimentaires
celles employées seulement par rapport à leurs propriétés médicamenteuses, telles sont l'*Assa fœtida*, l'eau de Passy, le Cas-
toréum, l'extrait du prétendu Laurier rose (*Nerium oleander*);
5° le Larmille (*Coix*) n'est pas une Arundinacée, mais bien
une fort jolie Graminée; le Chincapin (*Castanea pumila*), cité
comme un Chêne, appartient au genre Châtaignier; son fruit de-
vance en France, de trente jours au moins, la récolte de la Châtaigne commune; le Maté du Paraguay n'est point un Houx,
mais le Symploque théiforme (*Symplocos alstonia* de l'Héri-
tier). On a tort aussi d'inscrire le Malpighier (*Malpighia glabra*)
parmi les Cerisiers; il n'a d'autre rapport apparent avec la Cerise
que la forme de sa baie rouge à l'époque de la maturité, laquelle
renferme trois semences osseuses et anguleuses; 6° il faut re-
toucher et compléter l'article Chêne bellote, et non pas Ballotte,
comme on l'écrit ordinairement (*Quercus bellota*); celui du
Terre-Noix (*Bunium bulbo castanum*), qu'on appelle *Châtaigne
de terre*, dont il faut manger modérément si l'on ne veut pas

que l'âcreté naturelle au tubercule ne finisse par causer de l'irritation à la gorge ; celui de la Patate (*Convolvulus batatas*), où se sont glissées quelques erreurs, etc.

Ce peu de remarques doit suffire pour revoir une foule d'autres articles, pour en supprimer qui font double emploi, ou qui consacrent des observations fausses ou trop légèrement recueillies. M. Aulagnier a souvent été trompé par les écrivains qu'il a mis à contribution, non-seulement sur les propriétés et les caractères scientifiques, mais encore sur les familles auxquelles les objets indiqués appartiennent.

Il faut lire les *Considérations générales sur la nourriture de l'homme*, par le docteur G. Grimaud de Caux, placées en tête du Dictionnaire de M. Aulagnier. Quoique très-contestables sur plusieurs points de la partie historique, comme j'aurai plus d'une fois l'occasion de le démontrer, elles offrent dans la partie diététique de bons renseignements, de salutaires avis et de temps à autre quelques anecdotes bonnes à conserver.

Manuel pour la Culture en pleine terre des Pomées-Batates sur grande, moyenne ou petite extension dans les contrées de l'Europe, etc., par J.-F. VALLET DE VILLENEUVE.

Réclamations de l'Agriculture française près du Gouvernement et des Chambres, par M. BERTIER DE ROVILLE.

De l'Influence de la Culture en général sur l'Atmosphère, par PAUL LAURENT.

Il en sera rendu compte prochainement.

ÉCONOMIE RURALE.

—

*Essai sur les Vins de Bordeaux, avec quelques obser-
vations sur la culture de la vigne ; par J. DELPIT.*

(Premier article.)

VIN DES PALUS DE L'ENTRE-DEUX-MERS[1]. — Le plus
grand nombre des consommateurs boivent le vin
sans s'inquiéter du pays d'où il est venu pour tra-
verser leur gosier desséché. Pourvu que ce soit du
vin, c'est tout ce qu'il leur faut : c'est beaucoup
s'ils ont fait attention s'il est blanc ou rouge ! Quelques-uns, plus instruits ou plus délicats, distinguent fort bien le nom et le goût des vins d'Espagne de ceux de France, les vins dits de Champagne des vins de Bordeaux. D'autres, et ce sont
les plus gourmets, connaissent assez bien les principales variétés de ces groupes généraux ; mais
qu'il y a loin encore de leur science à cette multitude imprévue de branches et de ramifications
nouvelles qui viennent se présenter à l'investigateur étonné qui veut les examiner une à une et les
faire connaître toutes. L'étude est un véritable
microscope : elle grossit et subdivise ce qu'on
soumet à son analyse ; plus on observe et plus on
rencontre de parties rapprochées ou très-éloignées
qu'on n'avait pas aperçues à l'œil nu.

[1] *Voyez,* plus haut, pages 26 et suiv.

<table>
<tr><td>I.</td><td>7</td></tr>
</table>

Dans les vins de Bordeaux, par exemple, la multitude des cultures et des produits divers est si prodigieuse que sa nomenclature seule suffirait pour effrayer le lecteur. Aussi me suis-je renfermé dans un genre particulier, celui qu'on désigne sous le nom de *vin des palus d'Entre - deux - Mers*. J'ai été déterminé dans mon choix par deux raisons bien simples, ce sont ceux que je connais le mieux et qu'on connaît le moins [1]; mais loin de chercher à indiquer toutes les divisions et subdivisions que ce genre peut présenter, je me suis, au contraire, efforcé de ramener toutes mes observations vers une variété principale pour m'en servir de type et de terme moyen.

Parmi les vins de l'Entre-deux-Mers, qui diffèrent sensiblement des vins du Médoc, des vins de Graves, etc., etc., il y a certes encore des différences bien notables entre les premiers crus des palus qui sont situés vis-à-vis Bordeaux et ceux des derniers crus placés vis-à-vis Libourne : cependant le tout se ressemble, le terrain et la culture sont à peu près identiques. J'ai donc cru qu'il était possible, en cela, de trouver un juste milieu, et j'ai choisi pour type les vins de Saint-Loubes et d'Izon. Les vins des palus d'Entre-deux-Mers, trop voisins de ceux du Médoc pour que

---

[1] On peut en juger par le peu de lignes que Jullien leur consacre dans sa *Topographie de tous les vignobles connus* (in-8°, édition de Paris, 1822, p. 205 et 206), ainsi que Rémond Vignes, dans son *Mémoire sur la culture des vignes dans le département de la Gironde* (Bordeaux, 1812, in-8°).

T. DE B.

leur renommée n'en souffre pas, n'en ont pas moins des qualités précieuses et solides; ils sont d'une grande importance dans le commerce intérieur et extérieur, et l'on peut même dire que c'est à ces vins obscurs et ignorés que leurs orgueilleux voisins, les vins fameux du Médoc, doivent une grande partie des succès brillants et lointains qu'ils obtiennent. S'il était permis de comparer la renommée des vins à la gloire guerrière, je dirais qu'il en est des vins d'Entre-deux-Mers comme de ces armées auxiliaires venues en aide à une puissance belligérante; quelquefois elles sont plus nombreuses que l'armée qu'elles viennent secourir, et c'est cependant celle-ci qui recueille seule toutes les palmes de la victoire. Un mot justifiera ma comparaison : les vins d'Entre-deux-Mers sont les seuls vins de ces contrées que les voyages maritimes ne détériorent pas, ceux qu'au contraire ils améliorent sensiblement.

Avant de décrire ce qui concerne la culture de ces vins, arrêtons-nous un instant sur le déplorable état d'ignorance dans lequel végètent encore aujourd'hui ceux adonnés à cette partie importante et aussi considérable de l'agriculture.

On compte en France 2,134,823 hectares complantés en vignes, c'est-à-dire la vingt-cinquième partie de la surface totale du territoire. Ces deux millions et plus d'hectares font circuler dans la population des valeurs incalculables, ils rapportent au fisc des sommes immenses, et cependant cette branche de l'industrie agricole n'a jusqu'ici reçue du gouvernement ni des Sociétés aucun encouragement; on peut même dire qu'on n'a jusqu'ici su que l'entraver dans ses opérations. Le colon veille à la conservation de son esclave; nous prenons soin de nos bêtes de somme pour en tirer le plus de services possibles: d'où vient donc que le gouvernement, dans ses velléités d'encouragement pour l'agriculture, a jusqu'ici complétement négligé une culture qui remplit une portion si considérable de ses coffres? D'un autre côté, n'est-il pas surprenant qu'aucune Société d'agriculture ne se soit encore occupée à porter le flambeau de la critique sur la nomenclature obscure, empyrique, des nombreuses variétés de la vigne et à fournir une description satisfaisante des différents cépages cultivés en France, département par département? Qui peut dire aujourd'hui les rapports des cépages de l'Est avec ceux du Sud-Ouest et de tout le Midi? Les noms varient d'un canton à l'autre, souvent pour la même variété; ils diffèrent même de l'autre côté d'un simple fossé, d'une haie, et quelquefois la dénomination actuelle change avec le nouveau propriétaire. Ce travail important a été entrepris par MM. Thiébaut de Berneaud dans son *Manuel du Vigneron français* [1], Dumont d'Arbois dans la *Description du vignoble d'Arbois* [2], et Morelot en sa

---

[1] Chacun des cépages qu'il indique comme type est figuré dans l'atlas qui accompagne la quatrième édition de son ouvrage.

[2] Insérée au tome XIX, p. 5 et suiv., de la *Bibliothèque physico-économique*, année 1826.

Statistique de la vigne dans le département de la Côte-d'Or [1]; mais il devrait l'être, comme je viens de le dire, pour chaque département par la Société centrale d'agriculture, qui demanderait à chaque Comice de son arrondissement une notice exacte des diverses sortes de cépages cultivés dans leurs cantons, et ramènerait les sous-variétés, et même les simples variations accidentelles, à leurs types bien tranchés. En attendant une œuvre aussi importante, j'arrive à la culture de vignes de l'Entre-deux-Mers.

1. *Du terrain.* — Les palus sont des terrains d'alluvion qui bordent, les meilleurs, la rive droite de la Garonne, les autres la rive gauche de la Dordogne; tous sont unis, bas et humides comme doivent nécessairement être des terres apportées par des fleuves et sur lesquelles le flux et le reflux ont passé et repassé si longtemps.

2. *Des cépages.* — Que dire des différents cépages qu'on y cultive? à quoi bon rapporter des noms, tels que le *Balouzat,* le *Mancin,* etc., compris seulement de ceux qui se livrent à leur culture? Il suffira donc de noter ici que l'adoption de la vigne blanche est une exception excessivement rare et que le cépage regardé jusqu'ici comme donnant la meilleure qualité aux vins (le *petit Verdot*) disparaît chaque jour pour faire place à des cépages qui produisent, il est vrai, un vin moins délicat mais plus abondant.

3. *Plantage.* — Pour planter la vigne, on emploie

[1] Un vol in-8°. Dijon, 1831, pag. 166 à 169.

en général de jeunes pieds enracinés qu'on a obtenus en couchant en terre, vers le mois de juin, un sarment dont, à l'extrémité, un ou deux yeux sortent de terre. Au mois d'octobre ou de novembre de la même année, quand on les sépare du cep, on les trouve garnis d'une quantité remarquable de chevelu, d'où, sans aucun doute, vient le nom de *Barbeau* qu'on leur donne vulgairement. Les barbeaux ainsi obtenus sont excessivement vigoureux, réussissent généralement bien et coûtent peu de frais : souvent ils reviennent à moins de cinq centimes la pièce.

On emploie aussi fréquemment d'autres espèces de barbeaux qu'on appelle *Barbeaux de pépinière* : ce sont des morceaux de sarment qu'on a enterrés pendant l'hiver et qu'on plante au printemps ; mais il leur faut au moins deux ans de pépinière pour se montrer aussi vigoureux que les autres barbeaux le sont au bout de quelques mois ; une fois en place, leur réussite est moins assurée et leur végétation beaucoup moins prompte.

Quelques personnes ont essayé, dans des terrains neufs, de planter au printemps les bouts de sarments non encore enracinés à la place même que le cep de vigne doit occuper ; par là ils évitent presque la totalité des frais de plantation, et ce bénéfice, joint à celui que leur procure la récolte des céréales ou des légumineuses qu'ils peuvent cultiver dans les intervalles des rangées de ceps, les dédomagent amplement, disent-ils, du

retard que peut éprouver la mise en rapport définitive de leur vignoble.

Il est encore un autre moyen de planter une vigne, mais il ne peut être employé que pour renouveler une vigne déjà vieille et ne peut guère
convenir qu'à l'ingénieuse et patiente industrie du
petit propriétaire qui se plaît à cultiver sa terre
lui-même.

Un an d'avance on taille la vigne qu'on veut renouveler ainsi, afin qu'elle puisse pousser le plus de
sarments possible. On choisit les jets les plus longs
et les plus vigoureux, que l'on couche en terre de
manière à ce que l'extrémité sorte précisément à la
place même que doit occuper le nouveau pied. Si
quelques sarments ne sont pas assez longs, on les
couche néanmoins en terre à peu près dans la direction qu'ils doivent avoir, et l'année d'ensuite
ils ont fait une pousse qui, sans déplacer les racines déjà formées, et, par conséquent, sans retarder
leur croissance, permet de la coucher de nouveau
et de la conduire à la place assignée.

L'avantage de ce mode de plantation consiste
surtout en ce que les sarments ainsi couchés produisent dès la première année une grande quantité de raisins, et que la seconde année on a une
vigne convenablement renouvelée et en plein rapport.

On a rarement recours au semis, malgré les
avantages qu'il offrirait. Ici, comme ailleurs, les
conseils de nos plus célèbres œnologues n'ont
point encore pu remuer assez vivement les inté-

rêts ni déterminer à quitter la voie de la routine pour adopter le mode le plus profitable de renouveler une vigne.

4. *Époque du plantage.* — Quelle est l'époque la plus favorable à la plantation de la vigne? Les localités influent tellement sur l'opportunité de cette époque qu'il est à peu près impossible de donner aucune règle à cet égard. La vigne, comme toutes les autres plantes, gagne beaucoup à être plantée avant l'hiver. Les jeunes racines profitent de cette saison de repos apparent pour se mettre en rapport avec le terrain nouveau dont elles doivent retirer leur principale nourriture, et quand s'opère le mouvement de la végétation, ce travail préliminaire étant fait, elles n'ont plus qu'à pousser, et elles poussent nécessairement avec plus de vigueur au printemps que celles que l'on transplante au moment même où l'action de la sève interrompue allait se manifester à l'extérieur ; mais aussi, précisément à cause de cette végétation hâtive, si le printemps est rigoureux, la première gelée suffit pour détruire jusque dans les racines les jeunes pieds qui s'étaient trop pressés d'étaler leurs feuilles délicates : il est aussi fort à redouter que dans des terrains humides nos hivers pluvieux ou une inondation prolongée ne fassent pourrir avant le printemps les jeunes pieds qu'on a trop tôt confiés à la terre.

La nature du terrain décide donc seule de l'époque où l'on doit planter le barbeau ou les plants enracinés. Quant aux sarments ou plants sans

racines , il faut nécessairement attendre le printemps, sans cependant trop retarder, de crainte que
les rayons solaires, devenus trop ardents pour des
pousses aussi faibles, ne les dessèchent et les détruisent.

5. *Préparation du terrain.* — Lorsqu'on a choisi
l'espèce de plant ainsi que les cépages et qu'on est
à l'époque de la plantation, on unit et applanit avec
la charrue à bœufs, par des labours croisés, le terrain qu'on destine à la vigne.

Quelques personnes prennent la précaution de
faire complétement défoncer tout le terrain à la
bêche, prétendant que la jeune vigne se trouve
beaucoup mieux dans une terre ainsi ameublie,
et ils ont à peu près raison ; mais cette opération
dispendieuse est, selon moi, l'une de ces prétendues
améliorations auxquelles se laissent trop souvent
aller les agriculteurs et qui finissent par les ruiner. L'agriculture pratique ne doit pas, en effet,
agir comme le fait le directeur d'une serre ; il ne
regarde que les résultats, et pas du tout les dépenses qui les ont amenés. Que m'importe à moi
d'obtenir de plus belles récoltes que mon voisin,
si l'augmentation des frais de culture dépasse de
beaucoup la valeur et le nombre des produits !
Loin de m'enrichir je m'appauvris, et c'est ce que
ne considère pas toujours assez la théorie con-
seillère.

Dans l'opération qui nous occupe, quel résultat
réel peut produire l'ameublement si dispendieux
de tout un terrain où vous ne planterez ensuite,

comme nous allons le voir, les pieds de vigne qu'à des distances très-éloignées? Vous aurez nécessairement remué trois ou quatre fois, pour ne pas dire trente-cinq fois (et ce chiffre est à peu près exact), plus de terre qu'il était nécessaire d'en remuer; et croyez-vous qu'avant que les racines aient pris assez de développement pour profiter de cette terre si minutieusement ameublie, l'influence atmosphérique n'aura pas complétement détruit, dans les terres marécageuses, l'effet de votre dispendieux travail? Examinez votre terrain après quinze jours de pluie; le premier temps sec l'aura rendu aussi dur et aussi compact qu'il l'était avant votre opération. Vous n'en retirez donc très-souvent aucun fruit, et vous avez fait des dépenses considérables.

Le peu de soin avec lequel on exécute ordinairement la méthode la plus vulgaire de plantation a beaucoup contribué à mettre en faveur cette méthode d'ameublissement complet. Mais exécutez d'une manière convenable l'opération ordinaire que nous allons décrire, et non-seulement vous obtiendrez des résultats tout aussi satisfaisants, mais de plus beaux encore.

Le terrain une fois préparé et uni à l'aide d'un cordeau, on le complante de jalons ou petits échalas disposés en quinconces plus ou moins éloignés les uns des autres, selon le goût du planteur, mais généralement à deux mètres environ.

Ces jalons divisent le terrain en longues bandes ou allées. L'une d'elles reçoit une double rangée de petites fosses ou trous, tandis que la suivante demeure libre, et ainsi de suite, alternativement. Les jalons marquent la place que doivent occuper, dans les trous que l'on fait alentour, les jeunes ceps de vigne qu'on y placera. Ces trous, auxquels on donne la forme d'un carré long d'à peu près six décimètres de long sur trois de large, sont d'ordinaire peu profonds. La raison en est bien simple : le terrain devant être plus tard divisé en plates-bandes, les unes hautes, les autres basses, et cette opération se faisant en enlevant la terre qui se trouve dans les rangs où l'on n'a pas ouvert de trous pour la jeter sur le rang où il y en a, si les trous au fond desquels doivent être placées les racines étaient trop profonds, le surcroît d'élévation que reçoit le terrain par l'opération que nous venons de décrire éloignerait beaucoup trop les jeunes racines de l'action immédiate de l'atmosphère et nuirait à leur croissance.

Ces trous n'ont donc pas besoin d'être creusés au-delà de deux décimètres de profondeur; mais, si, comme il arrive trop souvent, le labourage croisé, exécuté sur un terrain peu uni, n'a fait dans certains endroits qu'effleurer à peine le terrain qu'il a profondément sillonné dans d'autres, il arrivera souvent que le fond de ce trou touchera néanmoins la terre dure et compacte qui n'a jamais été remuée et dans laquelle doivent cependant pénétrer les nouvelles racines. On conçoit le désavantage qui en résultera, surtout pour les cépages dont les racines s'enfoncent perpendiculairement dans la terre, et comment il se fait alors que lorsqu'on remue tout le sol avec une bêche, qui pénètre à trois ou quatre décimètres, les plantes se comportent beaucoup mieux; mais, au lieu d'agir avec cette incurie, si l'on pratiquait des trous plus larges et plus profonds, qu'on comblerait ensuite à la hauteur voulue, il n'y a pas de doute qu'avec moins de frais on obtiendrait, dès la première année, de meilleurs résultats que par l'autre méthode, et l'on conçoit même que ces espèces de puits de terre-meuble, au milieu d'une terre dure et compacte, pourraient conserver plus longtemps leur ameublissement que si le terrain avait été remué également et partout.

Les trous ainsi préparés, on taille les barbeaux, que l'on couche et plie circulairement dans le trou, de manière, ainsi que nous l'avons dit plus haut, à ce que l'extrémité vienne sortir de terre précisément à l'endroit où se trouvait le bâton avec lequel on a jalonné le terrain. Mais ici l'incurie ou la mauvaise foi des travailleurs à gage, et surtout à prix fait, peuvent encore beaucoup nuire au succès de la plantation. Celui qui est chargé de plier et de placer le barbeau dans le trou se contente de jeter dessus une motte de terre qui le maintient dans sa position, et il passe à un autre.

L'ouvrier chargé de combler les trous peut, si l'on n'y prend garde, laisser ainsi plusieurs jours les racines à découvert, ou du moins en grande partie exposées à l'air libre, ce qui leur est très-nuisible; mais ce qui est pire encore c'est de remplir le trou de cette terre de palus, telle qu'elle se présente à lui, c'est-à-dire des mottes grosses et dures comme des cailloux.

Cependant, le terrain est si bon, la nature est si ingénieuse que la plante trouve moyen de résister à toutes ces épreuves et à bien d'autres encore; jugez combien un peu plus de soins et de précautions pourraient produire de résultats avantageux.

Quand les trous sont ainsi comblés, on divise, comme je l'ai dit, la terre en plates-bandes, et prenant sur l'une la terre que l'on va répandre sur l'autre, de manière à ce que celle où se trouvent les trous et par conséquent les racines des plantes, soit plus élevée que les autres, qui deviennent de véritables fossés peu profonds il est vrai, mais de nature à faciliter l'écoulement des eaux de pluie et celles fournies par les inondations. De la sorte les racines couchées sur ces terrains plus élevés n'ont point ou du moins ont fort peu à souffrir du séjour des eaux. On nomme les plates-bandes *Prises* et les fossés *Canaus*. On les dispose de manière à ce que leur longueur courre du nord au midi, parce que plus tard les pampres arrangés aussi dans la même direction présenteront leurs raisins exposés au levant et au couchant et se trouveront également garantis des gelées du nord et de la sécheresse du midi.

On compte qu'il entre à peu près 1000 pieds de vignes par chaque tiers d'hectare (ou *Journal*, mesure du pays, d'ailleurs fort peu uniforme); disons mieux, il y a 3000 pieds par hectare.

Il faut encore trois ans à la vigne ainsi plantée pour que le bois, devenu assez fort, permette de le disposer en forme de treille ou d'espalier, ce que, dans le langage du pays, on appelle *anquer*. Jusque-là les pampres fournis par la jeune vigne ont été soutenus par un seul petit bâton ou par plusieurs échalas. On laisse le cep monter sur une seule tige jusqu'à la hauteur d'à peu près 5 décimètres [1]; à cette hauteur on coupe le cep et l'on ne laisse subsister que trois branches qu'on nomme *hastes*. L'une d'elles s'élève perpendiculairement, attachée à un échalas désormais plus solide, et les deux autres s'éloignent obliquement, de chaque côté, à la distance d'environ un mètre, où l'on plante de nouveaux échalas. Chaque pied *anqué* a donc trois hastes et trois échalas (comme on le voit à la planche I, figure 1). Nous avons compté 3000 pieds de vignes par hectare : ce sont donc 9000 échalas qu'il nous faut cette année là pour garnir un hectare.

6. *Des échalas.* — Les échalas proviennent de toutes les espèces d'arbres qui, dans le pays, pous-

[1] La hauteur totale de la vigne du Médoc n'est pas plus considérable que celle du *marc* (trifurcation) des vignes de l'Entre-deux-Mers. Mais en Médoc on a pour but de rapprocher les raisins du sol pour qu'ils reçoivent la réverbération du soleil sur les cailloux qui composent ce sol. Dans l'Entre-deux-Mers, au contraire, on les isole et les éloigne de la terre humide pour qu'ils reçoivent mieux les rayons du soleil et soient à l'abri des inondations fréquentes qui les atteindraient souvent sans cette précaution.

sent des jets droits, le peuplier, l'aune, etc. Mais l'arbre qui en fournit sans contredit le plus, c'est le saule ou *Obier;* on le plante exprès dans des terrains humides qu'on nomme *Obarèdes,* ou sur le bord des fossés. On étête les jeunes saules à une hauteur convenable pour leur exploitation, et bientôt il se forme une grosse souche en tête sur laquelle poussent en abondance des branches que l'on coupe tous les trois ou quatre ans. Ces branches, réduites à des longueurs qui varient de 2 à 3 mèt., reçoivent le nom générique d'*OEuvre.* Cette œuvre, employée dans la vigne, dure à peu près autant de temps qu'elle en a mis à pousser sur la souche où on l'a coupée la première année. Chaque échalas pousse de petites racines et de petites branches : aussi se contente-t-on d'élaguer les jeunes branches sans déplacer les échalas, parce qu'ils sont assez solidement plantés pour tenir encore un an ; mais, la deuxième année, la plupart n'ont pas repoussé. Il faut donc les arracher et aiguiser de nouveau le bout, qu'on doit ficher en terre. A la troisième année, le bout qui est en terre est trop pourri pour y être laissé une fois encore ; on le retourne et l'on aiguise le bout qui jusqu'alors avait été exposé à l'air.

Il est rare qu'à la quatrième année les échalas soient assez longs et assez sains pour servir encore ; cependant il s'en conserve une grande quantité, et le remplacement des échalas défectueux exige chaque année un entretien dispendieux, mais non point un renouvellement complet. Au lieu de 9000 échalas par hectare qu'il avait fallu pour garnir la première fois, on compte qu'il en faut environ 1200 par an pour l'entretien. Les vieux échalas, qui ne servent guère qu'à brûler, reçoivent le nom de *Secailles*. Le propriétaire se réserve exclusivement la secaille, de peur que le vigneron, pour augmenter sa part, néglige de faire servir des échalas qui sont encore bons.

Cette œuvre d'Obier, dont l'usage est déjà beaucoup moins fréquent qu'il ne l'était autrefois, a le désavantage, comme nous avons vu, de prendre racine et de pousser des branches quelquefois si vigoureuses que les vignes ressemblent assez bien à une plantation de jeunes arbres, quelques-uns même sont tellement vivaces qu'ils résistent à toute espèce de mutilations. Au bout de quatre ou cinq ans vous êtes obligé d'arracher un véritable tronc d'arbre là où vous aviez mis un simple échalas. Les branches, qui entretiennent l'ombre et l'humidité, les racines, qui se mêlent à celles de la vigne, doivent nécessairement nuire au développement de celle-ci; mais, indépendamment de ces inconvénients, un motif d'économie a rendu très-fréquent l'usage d'une autre sorte d'échalas qui ne vient pas dans le pays, qui coûte même plus chère, mais dont la durée compense amplement l'augmentation du prix.

Ces échalas, faits de jeunes pins qu'on a refendus, ou de branches de châtaigners, reçoivent le nom générique de *Carassonne*, par opposition sans doute à celui d'*OEuvre*, qui désigne les échalas de bois tendres et qui poussent vite, tandis que le nom de *carassonne* s'applique aux échalas de bois durs et lents à pousser.

La carassonne est une branche de commerce très-étendue pour les pays voisins, où le sol ne permet pas de cultiver la vigne; car cette culture de la vigne, si dédaignée ou du moins si peu favorisée, a cela de particulier que, non-seulement elle enrichit les pays qui s'y adonnent, mais encore ceux qui les avoisinent. D'un côté, le commerce des carassonnes et celui du *Vime*[1] sont deux branches très-importantes d'une industrie qui alimente des contrées considérables; tandis que, de l'autre côté, l'on prépare le merrain et les bois dont on fait nos barriques jusque dans les cantons les plus reculés du département de la Dordogne; et non-seulement ce commerce fait vivre les bûcherons de cette partie de la France, mais pour nous l'on travaille aussi sur l'une et l'autre rive de la mer Baltique, comme sur les bords de la mer Noire; l'Amérique elle-même commence à défricher pour nous les arbres gigantesque de ses vieilles forêts encore vierges.

Revenons à la carassonne. Quelques personnes font usage de celle tirée des branches du Faux-Acacia ou Robinier (le *Robinia pseudo-acacia*, L.). Cette carassonne, qui a, il est vrai, l'inconvénient d'exiger d'être pelée, présente des avantages

---

[1] Espèce d'osier (le *Salix viminalis*, L.) dont on se sert pour lier les cerceaux des barriques et les pampres de la vigne aux échalas.

précieux propres à compenser amplement ce léger désagrément : elle dure infiniment plus long-temps que toute espèce d'œuvre, et même que la carassonne de pins et de châtaigniers. Elle croît avec une rapidité extraordinaire dans les terrains frais. Le Robinier a, de plus, l'avantage que, tandis que le tronc du saule une fois vieux, et il l'est bien vite, est à peine bon à brûler, son bois est au contraire un des plus durs et des plus recherchés pour les constructions et pour le chauffage : sous ce dernier point de vue, il en est peu qui produise autant de chaleur [1].

7. *Taille de la vigne.* — Immédiatement après la chute des feuilles, au commencement de l'hiver, on taille la vigne, c'est-à-dire, dans le langage du pays, on la soumet au *pouda*. Sur chaque branche ou haste, on laisse une branche ou *Cot*, garnie de deux yeux, laquelle doit servir l'année d'ensuite de haste. Diverses questions se présentent naturellement ici : serait-il bon de laisser plus d'un cot sur chaque haste ? chaque cot devrait-il avoir plus ou moins de deux bourgeons ? est-il avantageux de renouveler ou non les hastes chaque année ? La science reste muette à ce sujet. On conçoit

[1] On fait avec ce bois des meubles qui s'embellissent, pour ainsi dire, en vieillissant ; sa couleur jaunâtre marbrée prend avec le temps une teinte rouge fort agréable. Les premières habitations de la ville actuelle de Boston, aux États-Unis, construites avec le bois du Robinier, sont encore sur pied et dénoncent la plus grande solidité. On emploie encore le bois du Robinier pour les moulins et les machines, ainsi que pour les constructions de la marine.

T. DE B.

qu'elle a dû négliger de noter les expériences heureuses ou malheureuses qui ont été faites, les tentatives inutiles ou nuisibles proposées ou commencées quand elle n'avait point d'organes, mais aujourd'hui elle serait impardonnable de ne point le faire : c'est la tâche des recueils consacrés, comme celui-ci, au premier des arts.

La taille se fait de préférence avec la serpe : c'est une veille habitude que l'on parviendra diffilement à remplacer, malgré l'exemple des voisins, qui ont adopté les secateurs.

A l'époque de la taille on arrache les ceps qui ont besoin d'être renouvelés. Ces vieilles souches fourniraient le meilleur et le plus agréable des bois de chauffage, sans l'inconvénient de leur forme tortueuse, qui rend leur introduction difficile dans nos foyers modernes et celui de la terre argileuse que contiennent presque toujours les cavités que le temps a creusé dans leurs troncs et qui gâtent les cendres obtenues, dont on se sert exclusivement pour les lessives.

Quand on a fini de tailler la vigne, des femmes ramassent et lient en fagots les sarments, que l'on partage par moitié entre le propriétaire et le vigneron. Il en est de même pour les vieux pieds de vignes.

On replante ensuite les anciens échalas, qu'on aiguise ou retourne selon la circonstance; on place les nouveaux, et la secaille ou les vieux échalas sont réservés, comme nous l'avons dit, au propriétaire seul; puis, avant que le printemps n'arrive, un attache les hastes aux échalas avec un osier ou vime. Vers la fin de l'hiver, avant que les nouvelles herbes aient eu le temps de prendre beaucoup de forces, on commence à donner les façons. A cet effet, on se sert d'une espèce de pioche ou de houe que les gens du pays nomment *Marre*, et dont le fer plat et large est emmanché à un bois tordu de manière à former avec le fer une ligne parallèle et à permettre d'en porter les coups horizontalement. L'emploi de cet instrument, obligeant celui qui s'en sert à se tenir courbé, est si pénible que les hommes les plus robustes y résistent à peine, et cependant il ne présente pas un résultat très-satisfaisant. Il pèle plutôt qu'il ne laboure la terre, et son action, suffisante dans les *canaus*, sous lesquels il ne se trouve aucune racine et où par conséquent il suffit de racler le sol pour détruire les herbes, est bien loin de produire tous les résultats désirables sur les *prises*, dans lesquelles sont placées toutes les racines et qui ont par conséquent besoin d'un labour plus profond.

Mais quelque instrument qu'on emploie, les façons ne vaudront jamais mieux et coûteront toujours plus que lorsqu'on aura enfin rendu possible l'application de la charrue à la culture de ces vignes.

La première façon se nomme *Udi*, mot à peu près équivalent à celui de bêcher. La seconde façon se donne vers le mois de juin, quand les jeunes grappes commencent à fleurir ; elle se nomme *Majusca,* dont la signification m'est complétement inconnue. Mais cette seconde façon est une véritable dérision. On n'essaie même pas d'entamer la terre dure et desséchée : on se contente de retourner sens dessus dessous les pelons plus ou moins gros que la première façon avait déplacés et d'arrêter ainsi la végétation des mauvaises herbes qui commençaient à renaître.

La troisième façon, que l'on nomme *Tierça* (d'où l'on a fait tiercer), se donne quand les raisins commencent à changer de couleur. De cette époque à celle de la maturité on compte généralement qu'il s'écoule un espace de quarante jours.

Quelques personnes font passer dans chaque rang de vigne un homme armé d'une serpe pour y couper à droite et à gauche les pampres ou *Flages* qui se croisent, interceptent l'air, épuisent inutilement la sève de la plante et gênent les travailleurs : c'est ce qu'on appelle *ouvrir la vigne* ou épamprer. D'autres regardent cette opération comme plus nuisible qu'utile. Les branches garantissent, disent-elles, les raisins des brouillards, de la grêle et des ardeurs excessives du soleil : le fait est que si l'on dépouillait entièrement une vigne de ses feuilles les raisins ne parviendraient jamais à une entière maturité ; mais cette raison est-elle suffisante pour déclarer que cette seconde taille n'est pas aussi nécessaire qu'on le croit? c'est ce que je n'ose décider encore.

Nous avons décrit jusqu'ici à peu près tous les soins que l'on donne à la vigne avant que les raisins ne soient mûrs ; il nous reste deux autres parties importantes à traiter ; je veux dire la manière dont on récolte les raisins et celle dont on fait le vin. Nous nous en occuperons plus tard; mais, avant de finir cet article, il ne sera peut-être pas inutile de présenter un relevé statistique de toutes les dépenses occasionnées par les divers soins que nous venons d'indiquer.

8. *Statistique.* — Pour apprécier les résultats de ces procédés, recourons au calcul : il ne suffit pas d'examiner une seule année, dont un accident atmosphérique peut faire varier les produits du tout au tout; il faut opérer sur une période assez longue pour être à peu près sûr que dans ces intervalles toutes les chances heureuses ou malheureuses auront eu le temps de se réaliser. J'ai fait mes calculs sur une période de 20 ans : ce terme m'a paru suffisant, quoique dans les quatre années qui suivent la plantation les produits soient à peu près nuls.

Frais de plantation d'un hectare.

1. Préparation du terrain à la charrue,   30 f.
2. 3,000 barbeaux à 5 fr. le 100,   150
3. Plantation, alignements, etc., de 300 barbeaux à 5 fr. le 100,   150

Frais de culture, etc.

4. Culture de la vigne à prix fait : 36 fr. par journal ou 108 fr. par hectare pendant 20 ans,   2,160

  2,490

Report.   2,490 f.

5. Échalas. Première garniture : 9,000
par hectare ou 36 douzaines d'œuvres
tiercées, à 15 fr. la douzaine ou les 250
échalas,   540

6. Entretien annuel des échalas : 4 douzaines et demie par an, ou 67 fr. 50 c.
pendant les autres années,   1080

7. Vime pour lier la vigne : 3 gerbes par
hectare, à 2 fr. la gerbe, ou 6 fr. par an
pendant 16 ans,   96

Valeur du fonds.

8. Un hectare de terrain des palus de
l'Entre-deux-Mers non complanté en vi-
gnes peut être estimé   3,000

9. Revenu de cette somme pendant 20
ans,   3,000

10. Impositions foncières d'un hectare
pendant le même temps, à 18 fr. par
hectare,   360

Total des déboursés occasionnés par
la culture d'un hectare de vignes
pendant 20 ans,   10,566 f.

On pourrait faire quelques réductions sur certains articles : sur celui des échalas, par exemple,
car il est possible que l'emploi de la carassonne
produise quelques économies. D'un autre côté, il
y a bien en outre quelques menus frais qu'il serait trop long de détailler, mais que d'ailleurs j'ai

omis à dessein, car ils sont amplement compensés par les petits bénéfices qu'on retire des arbres fruitiers, des herbes, etc., qui croissent en même temps que la vigne, des bois, sarments, secaille, etc., etc.; mais, tout en admettant que ces petits frais ou bénéfices se compensent, les frais de vendanges exceptés, la jouissance de votre hectare de vigne pendant 20 ans vous représente le capital de 10,566 francs. Nous verrons plus tard si les revenus dédommagent suffisamment de déboursés aussi considérables.

Supplément aux Recherches statistiques sur les Oasis françaises [1].

Un de nos correspondants du département des Vosges nous reproche de n'avoir point parlé de la commune de Saint-Amé, arrondissement de Remiremont, dans notre tableau des Oasis françaises, et pour remplir cette lacune il nous adresse une note qu'il emprunte, nous dit-il, à M. Paul Laurent, propriétaire au pays même, et que nous nous empressons de publier telle quelle.

« Il y a environ 80 ans que la cascade du saut de la Cuve [2] était beaucoup plus élevée qu'aujourd'hui. Le ruisseau qui paraît si paisible dans les

[1] Insérées plus haut, pages 23 et suivantes.

[2] En quittant le lac Gérardmer, qu'elle traverse, la Vologne s'engouffre dans un abîme qu'elle parcourt en bondissant, on le nomme *le Saut des cuves*, à cause des espèces de cuves que le tournoiement des eaux creuse incessamment dans les rochers.

T. DE B.

beaux jours de l'été, et dont la fureur dans les hautes eaux ne peut pas même être soupçonnée, s'était considérablement gonflé par un violent orage, qui éclata inopinément. Il emporta d'un seul coup tout le flanc d'une montagne de sable avec les arbres qui y végétaient. Bientôt un barrage naturel s'établit entre les deux roches qui bordent la cascade, et, au plus fort de la tempête, ces deux roches furent en partie renversées par les eaux.

« Des maisons, des établissements construits dans le bas furent détruits; des hommes et des bestiaux périrent, et l'inondation fut telle qu'une bonne partie du sol de la commune fut couvert d'une masse de sable et de cailloux de près d'un mètre d'épaisseur. Cependant, aujourd'hui, cette petite plaine offre aux amateurs les plus éclairés en agriculture l'exemple des plus beaux résultats qu'il soit permis d'obtenir de la terre.

« Il a donc fallu, dans beaucoup de ces champs, pour passer de l'état de sable pur à celui d'une terre excellente, des procédés de culture perfectionnés; et certes, on a lieu de s'étonner de les découvrir à Saint-Amé, au milieu des montagnes qui bordent la vallée de la Moselle, lorsque dans les communes circonvoisines on est bien loin d'être aussi avancé.

« Je pense qu'ici le malheur a été bon à quelque chose. L'inondation et ses ravages ont forcé les habitants du village à redoubler de courage et d'intelligence. La localité, d'ailleurs, leur était favorable : elle possédait de vastes pâturages communaux, et le parcours était permis dans les forêts du voisinage ; de sorte que la première condition de la bonne culture était facile à remplir, c'est-à-dire que la possibilité d'entretenir un nombreux bétail leur procurait beaucoup d'engrais, et qu'avec de l'engrais ils pouvaient rendre productifs leurs sables arides. Une fois les choses ainsi montées, elles ont continué sur le même pied. Labourés, épierrés et engraissés comme une terre de jardin, les champs sont, au printemps, sarclés avec un soin tout particulier. Après cette opération on sème, au milieu des grains, des plantes potagères, et au mois d'août c'est chose admirable que de voir les épis serrés de seigle ou de froment se montrer tous exactement à la même hauteur. Puis, lorsque la faucille les a abattus, les ménagères du pays, à genoux, accroupies et un crochet à la main, arrachent péniblement toutes les racines qui restent après la moisson ; elles mettent ainsi à découvert une seconde récolte aussi belle que la première et qu'on ne rentre que fort avant dans l'arrière-saison.

« En cette petite oasis la routine des jachères est oubliée, et la méthode des assolements bien entendus, modifiée, il est vrai, selon la localité, s'y déploie, au grand étonnement des voyageurs instruits. Le problème de l'agriculture, tant et si étrangement traité, sur la grande et la petite propriété, se trouve donc ici résolu ; et c'est une chose digne de remarque sans doute, car il est étroitement lié aux plus grandes questions de l'économie politique, où cette partie des hautes sciences ne compte pas un adepte. Et comment, en effet, une culture aussi soignée qu'un jardin maraîcher pourrait-elle s'exécuter sans une division extrême de la propriété? Çà et là, dispersées dans la campagne, sur les collines et sur les montagnes, apparaissent de tous côtés de petites fermes; elles sont généralement habitées par leurs propriétaires, et non par des fermiers. Tous laborieux à l'excès, réglés dans les divers instants de leur existence, et par suite limités dans leurs désirs, les habitants de Saint-Amé traversent la vie le dos courbé vers la terre, que, sans métaphore, ils arrosent de leur sueur; ils jouissent, en cultivant le sol natal, d'une somme bien précieuse de bonheur et de liberté qu'on est loin d'apprécier dans les villes, où tous les plaisirs sont mesurés sur les caprices du luxe, sur des passions sans cesse irritées par des besoins factices et sur les délires de l'ambition [1]. »

[1] La petite commune de Saint-Amé se trouve placée dans une plaine exposée aux phénomènes les plus curieux pour le naturaliste. En octobre 1836 elle a été enveloppée, vers cinq heures du soir, par un nuage épais qui, venu dans la direction du sud, le ciel étant parfaitement pur, toucha terre tout à coup, s'étendit en un instant sur tout le pays, et roulait sur le flanc des montagnes comme auraient pu le faire les torrents d'écume d'une immense cascade. Au bout d'un quart d'heure la plaine de Saint-Amé en était inondée, et quelques instants plus tard l'obscurité la plus profonde rendait le brouillard plus intense : on en supportait avec peine l'odeur infecte et mordicante. Les gouttelettes ramassées contenaient une quantité très-notable de granules organiques de 1/500 de millimètre de diamètre.

NOUVELLES AGRONOMIQUES.

On fait de vains efforts, on s'expose à de grands sacrifices en argent dans l'espoir, non pas de naturaliser en France la culture du Mûrier, *Morus alba*, sous les climatures du 49ᵉ degré de latitude, c'est-à-dire dans les pays situés jusqu'à la rive droite de la Seine, car les travaux du passé prouvent suffisamment que le fait est possible et même entièrement acquis depuis le xviiᵉ siècle. Cependant les froids et les gelées printanières de 1838 et 1839 commencent à leur nuire d'une manière infiniment notable dans nos départements du Midi, et vont jusqu'à y rendre leur existence douteuse en de nombreuses localités, même celle du robuste multicaule [1]. On veut encore obliger la larve du Bombyx-fileur, plus connue sous le nom de *Ver à soie*, à y vivre, à y subir ses diverses métamorphoses, et par suite à y rendre permanente la spéculation de la soie. Tantôt on assure la chose comme positive en cultivant en grand l'espèce commune introduite en France vers le xviᵉ siècle de l'ère vulgaire; tantôt c'est la précieuse variété

---

[1] Le Mûrier des Philippines, *M. multicaulis*, apporté en France dans l'année 1823, s'est promptement acclimaté. Il a la propriété de pousser de ses racines de larges touffes aux tiges minces, flexibles, mais sans former de tronc proprement dit. Comme ses congénères, il vient partout et n'est point difficile sur la nature du sol.

blanche, dont la propriété est acquise depuis 1788 au Bourg-Argental (Loire) et à Roquemaure (Gard), où elle s'est conservée sans aucune altération jusqu'à ce jour et où elle se vend fort cher. On va même jusqu'à recommander, comme race particulière, une variété que l'on éduque aux environs de Pistoia, en Toscane, et de laquelle on obtient trois générations en une seule année, et par conséquent que l'on estime, disons mieux, que l'on déclare propre à réussir dans nos départements du Nord, où le Mûrier gèle souvent, et y servir à des éducations tardives. Je ne partage point l'engouement des propagateurs de ces conseils; il me faut la sanction du temps. Et comment m'y rendrais-je quand je suis persuadé que des magnaneries élevées sous la latitude de Paris pourront prospérer plusieurs années de suite, mais qu'elles ne résisteront point à la longueur, à l'âpreté de nos hivers qu'avec d'énormes dépenses, lesquelles excéderont toujours les avantages trop exaltés des produits, lors même qu'on adopterait le système de ventilation et de salubrité de Darcet, l'appareil de Vasseur, et l'ingénieux procédé de délitage inventé par de Tillancourt, de Monfaucon (Aisne), pour faire passer le ver fileur d'un cadre sur l'autre.

Qu'importe donc que le commerce horticole nous livre à bas prix des plants de Mûriers blancs ou multicaules nés et élevés dans le climat de Paris, c'est-à-dire, comme l'annonce le Bulletin de la Société d'agriculture de Paris, soumis et habitués, dès le bas âge, aux influences et aux vicissitudes de température les plus propres à leur faire contracter, par leur éducation première, une plus grande rusticité relative. Ce n'est point là la difficulté, quoiqu'elle puisse le devenir par suite de l'irrégularité de nos printemps. D'ailleurs, n'admirez-vous pas l'intérêt privé qui se cache sous ces phrases pompeuses, et ne vous semble-t-il pas que la zone sous laquelle Paris est placé va recevoir pour la première fois les végétaux prônés ? Le marchand veut qu'on oublie les faits du passé, que l'on passe sous silence les pauvres résultats actuels, pourvu que l'on achète les plants de Mûriers qu'il met en vente. *Vous êtes orfèvre, monsieur Josse !*

Relativement aux vers à trois récoltes par an, j'adopte le sentiment de M. Matthieu Bonafous, de Turin; s'ils ne peuvent augmenter le produit de la magnanerie, ils serviront du moins 1° pour renouveler une éducation manquée par une cause quelconque, 2° pour se livrer à des expériences que ne permet pas la race commune, dont les œufs n'éclosent qu'une fois l'an, ou qui ne fournissent que très-accidentellement quelques larves pour la seconde fois dans la même année [1].

Laissons dire et faire aux agriculteurs à talons rouges, aux habits chamarrés de broderies et de rubans; ils peuvent aisément perdre de l'argent et

---

[1] *Avviso ai coltivatori sui bachi trevoltini, ossia bachi da tre raccolte*, di Matteo Bonafous. Torino, 1839. In-8° de sept pages.

subir tous les déboires d'expériences hasardeuses; laissons leurs adeptes et leurs flatteurs les applaudir à tous propos : le parasite vit des miettes qui tombent de la table du riche.

—

Tout le monde sait que nous possédons deux variétés de Colzat : l'une, hâtive, à fleurs d'un blanc sale, se sème dans le courant de mars et donne sa récolte trois ou quatre mois après; l'autre, tardive, est à fleurs jaunes, se met en terre à la mi-juin, passe l'hiver, fleurit aux premiers beaux jours du printemps et se récolte à la fin de cette saison.

Depuis quelque temps certains agronomes conseillent de n'employer que la variété hâtive, parce qu'elle ne court aucun risque, disent-ils, lorsque les gelées tardives viennent si souvent nuire à la végétation de l'autre, et plus souvent encore détruire l'espoir le mieux fondé. Mais ils ne disent pas un mot d'une circonstance fort désastreuse qui l'attend au mois d'avril : les longues sécheresses ordinaires à ce mois lui sont extrêmement nuisibles, la plantule ayant alors un besoin très-pressant d'eau pour asseoir sa racine fusiforme, étendre le chevelu qui l'accompagne et pour accomplir parfaitement sa destinée. Quant à la variété tardive, elle résiste aux hivers les plus rudes. Il n'en a pas gelé un seul pied durant les froids extrêmes de 1789, de 1820 et de 1830; elle redoute moins le hâle d'avril et les chaleurs de l'été, parce qu'elle a pris possession du sol et que sa racine lui fournit assez d'humidité pour remplir toutes les phases de sa végétation, se garnir de fleurs et mûrir ses graines.

Cette observation, que l'étude des plantes et la pratique nous révèlent, doit mettre en garde contre les prôneurs malencontreux de telle ou telle rêverie, qui n'est avantageuse que dans leur cerveau.

—

Voici une autre remarque utile à consigner ici. On vante comme une nouveauté précieuse une variété de la Pomme-de-terre que l'on appelle *Pomme-de-terre-Marjolin* et que l'on annonce être plus hâtive que la Grise-d'août, plus productive que la Descroizilles, grosse, longue, ayant les yeux saillants et non rentrants, ainsi qu'on le voit sur la Corne blanche de Hollande et sur diverses autres variétés. Mis en terre au mois de juin sur un sol venant de fournir une récolte hâtive, les tubercules de la Solanée-Marjolin donnent en très-peu de temps des tiges à peine hautes de 25 centimètres ; on ajoute, comme une remarque singulière, qu'elles ne portent point de fleurs, et que leur absence tourne au profit des produits, qui sont très-abondants et mûrs avant la gelée.

Le fait relatif aux fleurs n'est point nouveau : dans le nombre de variétés précoces il en est plusieurs qui n'en donnent jamais, ou du moins que fort rarement. Les autres observations faites sur la Solanée-Marjolin se rapportent singulièrement à la variété dite *Grosse-rouge* ou de *Prime-hiver* que l'on prônait avec le même zèle en 1824.

—

On parle avec avantage d'une variété d'Ivraie vivace que les Italiens appellent *Lojezza,* et à laquelle quelques botanistes donnent le nom spécifique de multiflore, *Lolium multiflorum.* Comme fourrage, son rapport extraordinaire l'a fait propager avec une grande rapidité chez les Suisses, chez les Allemands et chez quelques cultivateurs français. Nous apprenons que deux sous-variétés, liées à ce type par la majeure partie des caractères, se trouvent spontanément, l'une dans le département de la Loire-Inférieure, où elle est connue sous la dénomination de *Ray-grass-pill;* l'autre dans le département du Loiret : la seule différence remarquée sur elles consiste dans la présence de barbes longues ou très-courtes portées par les grains ou dans l'absence totale de cet appendice. Elles vivent toutes les deux au sein des moissons et sont réputées nuisibles.

Deux agriculteurs ayant observé la grande vigueur de cette plante, ses tiges élevées et l'abondance de son feuillage, la soumirent au régime de culture réglée. A l'établissement agricole du Grand-Jouan, M. Rieffel, et à Château-Renard, M. Bailly se louent beaucoup de l'avoir semée sur un sable rude rempli d'une très-grande quantité de cailloux anguleux et dont le sous-sol est argileux; ils la fauchent en vert après la coupe des trèfles, et

quinze jours plus tard que l'Ivraie vivace, improprement appelée *Ray-grass anglais,* puisqu'elle est
indigène à tous les lieux incultes de l'Europe. La
seconde coupe est avantageuse. Si l'on n'en fait
qu'une, le fourrage est plus grossier; mais, malgré sa raideur, les bœufs le mangent avec plaisir
et profit. Récoltée à l'état de paille, la plante est
beaucoup moins nourrissante, et cependant les
bestiaux la préfèrent aux pailles des céréales.

Durant mon séjour en Italie, j'ai été à même de
suivre les progrès de sa végétation et de l'observer sous diverses latitudes. Au bout de sept à
huit ans, les prés ensemencés de cette superbe
variété sont aussi brillants qu'à la première année;
les chaumes montent toujours à un mètre et même
à un mètre et demi; ils sont également succu-
lents; les feuilles, plus larges et plus charnues que
celles de l'Ivraie vivace ordinaire, *Lolium perenne,*
conservent leur belle couleur vert-clair; les épis
sont constamment deux fois en fleurs par année et
munis de barbes plus ou moins longues. Mais,
après la huitième année, le tapis s'éclaircit, des
vides plus ou moins grands se forment; alors on
laisse mûrir la graine pour qu'elle se sème naturellement d'elle-même : on renouvelle ainsi la
prairie; le mieux serait d'ensemencer de nouveau.

L'admettre sur de bonnes terres serait sans aucun doute une faute : il faut la laisser sur les
mauvaises, qu'elle améliore, où elle peut fournir
de quatre à six cents bottes de bon foin par
hectare.

Après avoir recommandé, peut-être trop inconsidérément, la culture de la Renouée teinturière, voici venir, pour la centième fois au moins, le tour de l'Arbre à thé, *Thea viridis*, de la Chine et du Japon [1]. On peut, dit-on, l'admettre dans nos cultures en grand et de pleine terre, parce qu'il croît dans sa patrie en plaine comme sur les montagnes, aux lieux où la température s'abaisse au-dessous de 5 et même de 7 degrés centigrades, où la neige le recouvre parfois pendant un certain temps sans qu'il en éprouve de dommage. Ce serait, ajoute l'auteur de la nouvelle proposition, un moyen de délivrer notre pays d'un tribut de plus de 20 millions que le commerce national paie chaque année au commerce étranger.

Déjà les horticulteurs qui possédaient en leurs serres des pieds de l'arbrisseau recommandé s'empressent de les multiplier par le couchage; d'un autre côté, le ministre de l'agriculture a dépêché sur le Brésil (où la plante a été introduite seulement en 1812, près de Rio-Janeiro, à Ouro-Reto et à Santa-Cruz) un botaniste pour en rapporter, non-seulement des semences, mais encore des pieds enracinés, tandis que des ordres étaient

[1] Linné et divers autres botanistes distinguent deux espèces de Thé, le *Thea bohea* et le *Thea viridis*, fondées sur le nombre des pétales et la dimension des feuilles. Il n'y en a qu'une seule, ainsi que Kaempfer et Thunberg l'ont démontré. Celles qui portent ce nom ne sont que des variétés d'une même espèce que l'horticole et le commerce dénaturent plus ou moins.

donnés par le ministre de la marine aux commandants des vaisseaux allant dans l'Inde pour une semblable opération. Ce qu'il y a de remarquable, c'est la coïncidence de ces cultures non acquises avec les mesures prises pour détruire de fond en comble une industrie nationale appelée par la nature elle-même, par son abondance sur notre sol, à nous donner tout le sucre dont nous avons besoin. On parle de l'inquiétude que l'introduction proposée de l'Arbre à thé chez nous sollicite déjà chez nos voisins d'outre-Manche, et l'on ferme les yeux sur la joie qu'ils éprouvent en voyant détruire nos fabriques de sucre indigène et répudier la betterave de nos cultures.

Voyons donc le grand intérêt que nous avons à posséder l'Arbre à thé, et surtout si sa culture nous sera réellement profitable!

La Société d'agriculture de Paris en faisant la proposition, et le ministère en l'adoptant avec un empressement que je ne crains pas de qualifier de blâmable en présence des besoins plus urgents de notre agriculture nationale, ignoraient donc ce qui a été fait dans la vue de conquérir l'Arbre à thé depuis 1780! Apprenons-leur donc des faits consignés pour la plupart dans les actes de ladite Société, particulièrement en 1788 et 1789.

Les essais tentés en Corse ont parfaitement réussi jusqu'en 1789, que la culture fut abandonnée. Il en fut de même de ceux entrepris en 1790 à Montpellier par le célèbre botaniste Gouan, et à Marseille par Gouffé de la Cour; en 1814, à Paris, par le jardinier Fortin; en 1819, au Bourdette, près de Foix, par de Morteaux, et à Toulouse par la Société d'agriculture de la Haute-Garonne. Ils eurent du succès durant la première année de végétation, qui fut très-vigoureuse, mais il y avait dégénérescence dans la qualité des feuilles : séchées, elles perdaient leur arome; infusées, elles donnaient une boisson peu apéritive et d'une très-médiocre saveur. Ainsi désappointés, ceux-là qui avaient le plus ardemment conseillé la culture du Thé chinois parlèrent des succédanées. On plaça en tête l'Aurone des champs, *Arthemisia abrotanum*, et la Verge d'or-doucette, *Solidago odora*, qu'on allait, en 1720, chercher dans la Louisiane, dont les feuilles rivalisent avec celles du thé [1]; on proposa de même de les remplacer par les feuilles de la Verveine odorante, *Verbena triphylla*, que Ortega décrivit le premier en 1786, qui passe fort bien nos hivers au Nord et se plaît en nos départements du Sud-Est [2].

Sans doute il est bon de tenter l'introduction des plantes utiles, c'est le droit des horticulteurs, mais l'État ne doit ouvrir les caisses-publiques que lorsqu'une culture est réellement acquise : il est juste alors de récompenser et d'indemniser convenablement le père de famille qui a rendu le

---

[1] Virey, *Journal de Pharmacie*, avril 1815, tome I, page 186.

[2] *Voyez* notre *Bibliothèque physico-économique*, année 1820, tome VII, pages 192 et suivantes, et tome VIII, pages 138 et suivantes.

service évident. Le macairisme s'est emparé des voies de l'industrie parce qu'elle l'a bien voulu; nous, nous ne permettrons pas qu'il en soit de même de l'agriculture. Profitez de ce qui a été fait avant vous, faites mieux si la matière mieux élaborée vous le permet et si les progrès de la science vous en fournissent les moyens, mais ne vous vantez pas d'idées nouvelles quand vous allez les puiser dans les faits du passé, que vous voulez faire ignorer.

Disons encore que, depuis 1831, A. Leroy, horticulteur à Angers, tient en plein air, exposés au couchant et plantés en terre de bruyère, plusieurs jeunes pieds de Thé des deux variétés verte et bou; mais je crains fort qu'il n'ait pas de meilleurs résultats à nous offrir.

Ce qui me le prouve définitivement ce sont des expériences récemment faites sur le Laurier, le Pistachier et l'Arbre à thé. Ces végétaux ne supportent point le froid de nos climats, quoique originaires de pays situés sous les mêmes latitudes, qu'ils soient cultivés en nos départements du Nord ou même dans ceux situés au Midi : tant il est vrai de dire que les végétaux herbacés ou ligneux sont loin de rencontrer partout, dans le sol, le climat et l'exposition, les mêmes conditions nécessaires à leur existence.

—

Encore une plante économique venue de la Chine. Du moins celle-ci promet, sous le nom de *Pé-tsai*, ou Chou chinois, *Brassica sinensis*, L., de prendre place dans nos potagers. Je n'ignore pas que les premiers essais de culture offrent le pour et le contre : les uns l'ont fourni très-beau et excellent ; les autres, petit et de qualité passable ; les troisièmes, très-mesquin et même mauvais. Ici on l'a confondu avec les navets, là avec la laitue blonde un peu cloquée, ailleurs on l'a considéré, peut-être avec quelque raison, comme un hybride du chou et du navet. La plante a pris à peine possession de notre sol, il faut lui donner le temps de s'y asseoir : alors seulement il nous sera permis de la juger. On la recommande comme plante fourragère, et sous ce point de vue on la sème sur place au printemps ; comme plante légumière, on doit retarder les semis au mois de juillet, pour les repiquer trois semaines après, le plant étant suffisamment ferme ; on a de la sorte un légume frais pour l'hiver. Laissons faire, je le répète, les expériences à ceux qui ont du temps et de l'argent à perdre ; nous en profiterons plus tard quand le Pé-tsai nous sera complétement acquis.

En 1776, Thierry de Menonville alla ravir aux Mexicains la cochenille du Nopal et en enrichit nos colonies. Il faut lire son *Traité de la culture du Nopal* [1] pour se faire une idée des dangers qu'il courut et des contrariétés de tout genre qu'il éprouva, des succès qu'il obtint et de l'ingratitude dont il fut abreuvé. En 1808, lorsque je publiai

[1] Imprimé seulement en 1790, à Paris, en 2 volumes in-8°.

un premier fragment de mes voyages [1], j'exprimai
le désir de voir le précieux insecte introduit sur
les Cactiers abondants à l'île d'Elbe et en Corse,
et dans l'année 1813 je fis voir la possibilité de le
faire sur les mêmes plantes qui viennent en nos
départements du Midi [2]. Dans l'année 1828, la
cochenille a été portée sur les côtes occidentales
d'Afrique, sur notre malheureuse colonie du Sénégal. En 1834, des essais ont été tentés sur celle
d'Alger : ils étaient en pleine réussite deux ans
après. Malaga possède depuis longtemps la cochenille ; Valence et Cadix en ont fait depuis l'acquisition ; elle prospèrerait dans nos départements du
Sud-Est, où le *Cactus opuntia* vit spontanément, et
où le Nopal viendrait parfaitement bien. Belaire
nous en fournit la preuve par la tentative qu'il
fit en Corse en 1831 ; le succès le plus complet
couronna son œuvre.

Au sujet d'une tentative faite au jardin de na-
turalisation de l'Oratava (îles Canaries), on vient, à
l'Académie des sciences de l'Institut (séance du
8 juillet 1839), de rajeunir la proposition de cette
culture en France, sans mentionner aucunement
les faits que nous venons de rappeler. Il convien-
drait que les Sociétés savantes exigeassent de sem-

[1] *Voyages à l'île d'Elbe, suivi d'une Notice sur les autres
îles de la mer Tyrrhénienne*. Paris, 1808, 1 volume in-8°, avec
trois planches.

[2] *Mémoire sur le* Cactus opuntia, *vulgairement appelé le*
Cactier en raquette, *et sur les divers avantages que l'industrie
française peut en retirer*. Paris, 1813, in-8°.

blables rapprochements et qu'elles ne permissent pas que l'on endossât dans leur sein la livrée du charlatan et du triste compilateur.

Et qu'on ne craigne pas qu'il arrive dans notre Midi ce qui eut lieu à la Martinique et sur la côte du Coromandel, où, dit-on, les cochenilles ont détruit tous les Cactiers, et que par suite on ne s'en prenne à ces insectes pour en exterminer la race. Autres temps, autres lieux.

—

On a depuis fort long-temps signalé l'avantage qu'il y aurait à substituer diverses plantes pour la nourriture des chevaux à l'emploi d'une avoine souvent mal récoltée, plus souvent de mauvais goût, échauffée et remplie de poussière par la mauvaise habitude où l'on est de la laisser sur terre en javelles attendre les pluies, qui d'ordinaire sont fort adondantes, j'allais dire diluviales, et forcent à la rentrer toute humide et même déjà germée. Ce moyen a été inventé par la cupidité dans la vue d'augmenter le volume et le poids du grain. Le cultivateur qui javelle ses avoines trompe ses bestiaux pour avoir le droit de tromper au marché si, avant de conclure, l'acheteur n'exige pas l'épreuve de l'eau. D'un autre côté, l'avoine, même donnée au poids, n'a pas également les mêmes propriétés nutritives : le double d'avoine légère ne représente pas la moitié, disons mieux, le tiers de l'avoine lourde : jugez lorsqu'on l'administre à la mesure ! On a donc intérêt à lui substituer d'autres grains. A ce sujet voici des faits qui prouvent que les bonnes choses finissent tôt ou tard par se faire jour et que la raison vient toujours à bout de la routine, qui cède si difficilement aux meilleurs conseils.

Dans le département de la Somme, le maître de poste de Berny remplace l'avoine ainsi avariée par des féverolles et autres menus grains réduits sous forme panaire. C'est un moyen, nous écrit-on, non-seulement de maintenir la santé des chevaux, de prolonger leurs services et leur existence, mais encore d'obtenir une économie de 39 pour 100 sur la nourriture en avoine, et d'améliorer avec certitude le système des assolements.

Dans les départements de la Meuse, de la Meurthe et de la Moselle, ce sont les carottes que l'on donne tantôt broyées, tantôt coupées par rouelles fines. Cette plante, dont la récolte est toujours certaine, plaît beaucoup au cheval et le maintient dans un état brillant de santé. Elle a, de plus, l'avantage qu'un demi-hectare remplace la production d'à peu près 3 hectares d'avoine.

Dans le département de l'Ain on a proposé de substituer à ce grain celui du seigle, de l'orge ou du maïz cuit, à l'instar de diverses localités de l'Allemagne : les chevaux s'en trouvent fort bien , et il y a économie positive, mais il ne faut pas que l'un ou l'autre de ces grains soient nouvellement récoltés. A Vienne, département de la Drôme, on augmente, par une légère cuisson, d'un tiers au moins la puissance nutritive du foin; ailleurs c'est la pomme-de-terre cuite qui est substituée à l'emploi de l'avoine. Ces faits sont importants ; ils profiteront sans aucun doute.

Une autre considération importante et que chacun est à même de vérifier est celle-ci :

La consommation actuelle de l'avoine est immense et de plus un moyen de fraude presque habituel ; il est possible de diminuer l'une et de ruiner complétement l'autre. Comme le cheval avale beaucoup d'avoine sans la soumettre à la mastication, et par conséquent en perdant sa qualité alimentaire, on la retrouve entière et simplement un peu altérée dans ses excréments, où les oiseaux et les insectes vont la chercher et s'en nourrir. L'administration de ce grain est donc abusive. On peut en donner beaucoup moins au cheval en faisant subir au grain une légère trituration sous le pilon. Pour les bêtes à cornes cette opération est inutile, parce que dans l'acte de la rumination les grains échappés d'abord à la mastication sont ensuite exactement broyés.

L'emploi de l'orge est dans le même cas que l'avoine. Quand on ne l'a pas égrugée, elle sort du corps de l'animal sans avoir été digérée.

Relativement aux graines sèches et non échauffées des légumineuses, qui doivent être données modérément parce qu'elles contiennent beaucoup de substances nutritives, on les accuse de rendre la respiration des chevaux moins libre : c'est une erreur. Thaer l'a déjà dit : « Le préjugé en faveur « de l'avoine contre toute espèce de grain prend

« sa source en ce que tous les maux, quoique pro-
« venant de causes absolument différentes, qui at-
« teignent les animaux à qui l'on donne ce dernier
« genre de nourriture dans un pays où il n'est pas
« usité, sont imputés à cette nourriture, et qu'on
« en parle durant plusieurs années; tandis que,
« s'ils fussent arrivés à des bêtes nourries avec de
« l'avoine, l'on en eût cherché et trouvé la cause
« d'un tout autre côté. » Jamais ces graines ne
causeront la plus légère indisposition si l'on a
soin de les choisir bien sèches, de les administrer
avec de la paille hachée très-fin et surtout de les
cuire ou de les concasser grossièrement, dans la
crainte que quelques-unes ne soient avalées entières, par conséquent sans profit aucun pour l'a-
nimal.

***

Voici un résumé fort remarquable sur le nombre des journées de travail qu'exigent certains genres de culture avant de payer le salaire; il est extrait d'un ouvrage non moins curieux que l'on
annonce devoir paraître sous peu sur les végétaux
industriels.

1 hectare de pâturage emploie quatre journées
effectives de travail; de prairie arrosée, 22; de
prairie artificielle, 32; d'avoine, 64; de froment, 91; de vigne, 92; de pomme-de-terre, 127;
de garance, 150; de betterave, 160; de lin, 219; de
chanvre, 289; de tabac, 290; de cardère, 300; de
pastel, 408; de carthame, 570; et de safran, 600.

ARTS INDUSTRIELS.

Plusieurs feuilles quotidiennes, et, d'après elles, divers Recueils consacrés aux sciences, viennent, à tort et sans réflexion, d'annoncer comme une découverte actuelle l'emploi des fibres corticales de deux plantes fort connues. L'une habite nos jardins depuis des siècles, la Guimauve, *Althæa officinalis,* où, considérée comme plante d'agrément, elle produit un très-bel effet au milieu des massifs, et où, plante médicinale, elle présente à l'art de guérir ses racines, ses feuilles et ses fleurs. L'autre, maudite, bannie de toute terre soigneusement cultivée, est l'Ortie blanche, *Urtica dioica,* que l'on recherche en Suède comme fourrage donnant aux vaches un lait très-nourrissant et fort riche en crème; dont les feuilles hachées, unies à du son et de l'orge, procurent aux volailles une pâtée propre à les engraisser. Ses graines sont administrées aux chevaux par les maquignons pour les exciter, leur rendre l'allure plus vive, le poil plus brillant.

Malheureusement pour ces journalistes légers et par trop complaisants pour qui veut les exploiter à son gré, la prétendue découverte est déjà fort ancienne. Elle n'en est pas moins importante, et, puisque l'on paraît l'avoir oubliée, ressuscitons-en les dates, les auteurs et les résultats. Cet enseignement ne sera point perdu; il profitera à quelques esprits tourmentés du désir d'augmenter les ressources des pauvres et celles de l'industrie.

De temps immémorial, les peuples de l'Inde extraient les fibres qui recouvrent les tiges de la Guimauve pour les réduire à l'état de filasse et en fabriquer de gros tissus et des cordages; ils choisissent de préférence les tiges les plus hautes et les plus fortes, qu'ils mettent à rouir dans une eau courante, afin de détacher plus facilement le filament cortical, quand, après les avoir exposées au soleil un ou deux jours, ils les broient ou les soumettent aux coups redoublés de l'espade [1], ou bien du seran, pour en affiner l'étoupe et la débarrasser des petites parcelles de bois, de feuilles, d'herbes et de poussière qui la salissent. En 1809, une dame de Guastalla, en Italie, fit préparer avec les fibres de cette plante une toile un peu grossière, mais propre aux usages de la cuisine et pour emballage; ayant depuis perfectionné ses procédés et imprimé au principe filamenteux un degré très-sensible de blancheur, elle obtint l'année suivante une toile de très-belle qualité et de nature à rivaliser avantageusement avec celle du chanvre. Des essais faits en France, dans l'année 1784, par Léorier de l'Isle, fabricant de papier à Langlée, près de Montargis (Loiret), et en 1788 par Victor Yvard, fermier à Maison-sous-Charenton près Paris, ont prouvé que, avec de la bonne volonté et de la

[1] Lame de bois en forme de sabre; elle a 65 centimètres de long sur 10 à 13 de large, et depuis 14 jusqu'à 18 millimètres d'épaisseur.

persévérance, l'on pouvait rendre chez nous cette plante l'objet d'une exploitation tout aussi importante que l'est en Espagne celle dont les deux espèces de Guimauve, dites à feuilles de chanvre, *Althœa cannabina*, et de Narbonne, *A. narbonensis*, font la base.

Ces deux plantes croissent aussi spontanément dans nos départements du Midi et vivent dans nos jardins, qu'elles embellissent par leur taille élevée, par l'élégance de leurs corolles, d'un violet clair et aux pétales échancrés chez la première, d'un fort joli rose chez la seconde. On pourrait les associer à l'appropriation donnée à la Guimauve d'ornement.

Toutes les Orties, comme nous le verrons tout à l'heure, quand elles sont élevées, fournissent de même une matière filamenteuse résistante, fine, qui blanchit très-aisément et rivalise parfaitement avec le lin et le chanvre. Leur emploi, sous ce rapport, remonte aux âges les plus recués. La France, l'Angleterre, la Suède, les peuples du nord de l'Europe, ceux qui vivent depuis les pieds de la longue chaîne de l'Oural jusqu'aux plages orientales de la grande presqu'île du Kamtschatka, la Chine, le Japon et même le Canada se disputent l'honneur d'avoir été les premiers à demander aux tiges de ces plantes, généralement dédaignées, une filasse et une toile excellentes. Chacune de ces nations établit ses prétentions sur des faits incontestables qui tous justifient amplement l'utile destination donnée et à donner aux Orties. Ils prouvent, de plus, la haute antiquité de cette découverte, que je vois connue également des vieux Celtes et des premiers Égyptiens.

Les Orties dont on veut obtenir de la toile se récoltent à l'époque de leur maturité, c'est-à-dire en août ou septembre, selon que la saison a été plus ou moins sèche ou humide. Cette circonstance se manifeste par la tendance que montrent les feuilles à se tenir penchées ou bien à se flétrir, par la couleur jaunâtre ou d'un rouge obscur que prennent les tiges et par la graine qui se détache alors très-aisément de son enveloppe. La coupe se fait à l'aide d'une faucille, les mains couvertes de gants pour se préserver de la piqûre des poils fins, aigus, dont les feuilles et les tiges de ces plantes sont munies et causent une impression désagréable et même une démangeaison brûlante et douloureuse [1].

---

[1] Les poils des Orties reposent sur une vésicule oblongue remplie d'un suc âcre, incolore, caustique, transparent, vésicant. Ils injectent cette liqueur sur la peau, qui sollicite aussitôt une tuméfaction blanchâtre, disparaissant bientôt pour faire place à une tache rouge. Dans nos climats cette liqueur n'a point l'énergie fâcheuse qu'elle acquiert sous les zones intertropicales. Au Bengale, par exemple, celle qui sort des poils courts de la jolie Ortie crénelée, *Urtica crenulata* (de Roxburg), cause d'abord des douleurs insupportables, et jette ensuite le désordre le plus affreux dans toute la constitution physique ; elle donnerait infailliblement la mort si l'éternuement fréquent, le flux aqueux des narines, la contraction des mâchoires, la prostration de toutes les forces se prolongeaient de 24 à 30 heures. Deux espèces, l'une de Java, *l'U. stimulans*, l'autre, des montagnes de Timor et des Moluques, *l'U. baccifera*, renferment un suc tellement vénéneux que son contact suffit pour déterminer la paralysie et même la mort.

Une fois cueillie, l'Ortie veut être étendue sur un pré pour y sécher durant deux jours et pour que l'épiderme se détache plus facilement; on en fait ensuite l'érussée, puis on la lie par bottes, et on la met à rouir dans une eau limpide pendant six ou sept jours, plus ou moins, selon l'élévation de la température. Après on la met à sécher et on la dépose en un lieu sec pour la teiller à sa commodité. La toile que l'on prépare avec le fil d'Ortie marche de paire, comme je viens de le dire, avec les toiles de lin et de chanvre pour la bonté, la finesse, la durée; elle est même supérieure à celle de la Guimauve et des autres plantes textiles.

Soit paresse, fatigue ou besoin d'abandonner une pratique pour se livrer à une autre plus ou moins utile, plus ou moins séduisante, on a délaissé l'emploi de l'Ortie depuis le xve siècle : du moins le passage suivant du *Théâtre d'Agriculture* (lieu v, chap. 16) nous apprend que sa toile était encore adoptée en France plus de 150 ans avant la publication de ce livre, qui date de mars 1600, mais qu'au commencement du xvie siècle elle cessa de jouir du même crédit. « L'Ortie, dit « Olivier de Serre (au passage indiqué), l'Ortie « rend une exquise matière dont sont faictes de « belles et desliées toiles; mais aujourd'hui il y « en a si peu qu'on n'en peut faire autre estat que « pour la curiosité. »

On voulut reprendre ce genre de fabrication près d'un siècle et demi plus tard : ce fut au Mans et à Angers qu'on vit, en 1766, reparaître la toile d'Ortie. De nouvelles expériences ont été répétées en grand, en 1771, à Sainte-Colombe-de-la-Brosse, près de Vienne, sur le Rhône, par notre illustre abbé Rozier, et, en 1780, aux environs de Paris, par le frère du naturaliste Valmont de Bomare.

Nous préférons à ce sujet la grande Ortie, *Urtica dioica*, qui végète avec force, sans culture, comme sans engrais d'aucune sorte, sur les sols couverts de pierres, mais ayant du fond. En Sibérie et au Kamschatka, c'est l'Ortie à feuilles de chanvre, *U. cannabina*, où ses tiges, de 1 mètre et demi de haut, donnent d'excellents filets de pêche et des cordages. On l'a laissé perdre dans l'Europe septentrionale et dans nos départements situés au-delà de 48ᵉ degré de latitude. Chez les Chinois et les Indiens on recherche, pour faire de belles et très-bonnes toiles, l'Ortie blanche, *U. nivea*, injustement par nous traitée à l'instar des plantes parasites. Elle pourrait servir dans nos potagers comme plante culinaire, et dans nos jardins comme produisant un effet très-pittoresque. Quand je l'ai vu cultiver en Italie, devenir un élément de fortune pour les cantons les moins favorisés par la situation topographique et sociale, donner des chemises et des mouchoirs, des draps et des serviettes dont j'ai fait usage et dont je dois louer la finesse et la durée, il est de mon devoir de la réhabiliter en France, où elle vient très-bien. Au Bengale, c'est avec l'Ortie très-tenace, *U. tenacissima*, que l'on fait des cordes et des tissus fort estimés. Aux îles Otahiti, c'est l'Ortie argentée,

U. argentea; aux Antilles, l'Ortie fausse baie, *U. baccifera,* etc. Dites donc encore, vous qui vous êtes imposé la tâche honorable d'instruire, dites donc encore, après tous ces faits, que la découverte des toiles obtenues de la Guimauve et des Orties est une nouveauté!...

Avant d'en finir, un mot pour le cultivateur. Les Orties peuvent être employées comme fourrage; on les coupe à cet effet cinq et six fois dans un été, puis au printemps quand on ne trouve aucune autre nourriture pour le bétail. Jeunes, elles lui plaisent; il n'y touche plus du moment qu'elles ont acquis trop de grosseur.

—

Veut-on s'assurer que les pierres à employer pour les constructions sont ou non susceptibles de se fendre par l'effet de la gelée : on les imprègne d'une dissolution saturée de soude et on les expose à l'air. Cette double action délite et altère en fort peu de temps celles qui ne pourraient point résister aux plus grands froids; elle augmente, au contraire, la puissance des autres.

LÉGISLATION RURALE.

—

TABLEAU *légal du prix moyen de l'hectolitre de froment, pour servir de régulateur aux droits d'importations et d'exportations des grains et farines, arrêté le 30 juin 1839, d'après les marchés de la dernière semaine de ce mois, conformément aux lois des 16 juillet 1819, 15 avril 1832 et 26 avril 1833.*

CLASSES.	SECTIONS.	NOMS DES DÉPARTEM. FRONTIÈRES.	PRIX le plus haut.		le plus bas.		Terme moyen régulateur.	
1	»	Pyrénées-Orientales, Aude, Hérault, Gard, Bouches-du-Rhône, Var et Corse.	28	21	19	75	22	83
2	1	Gironde, Landes, Basses et Hautes-Pyrénées, Ariége et Haute-Garonne.	20	83	18	33	19	75
	2	Jura, Doubs, Ain, Isère, Hautes et Basses-Alpes.	24	04	25	11	20	10
3	1	Haut et Bas-Rhin.	24	40	50	25	23	38
	2	Nord, Pas-de-Calais, Somme, Seine-Inférieure, Eure et Calvados.	36	23	19	67	20	80
	3	Loire-Inférieure, Vendée et Charente-Inférieure.	21	51	18	33	19	96
4	1	Moselle, Meuse, Ardennes et Aisne.	21	16	19	80	20	44
	2	Manche, Ille-et-Vilaine, Côtes-du-Nord, Finistère et Morbihan.	21	65	18	72	20	48

VARIÉTÉS.

Des Expositions des produits de l'Industrie nationale et de leur action sur les travaux de l'Agriculture et de l'Économie domestique.

(Deuxième et dernier article.)

J'aperçois bien quelques progrès nouveaux dans les produits tirés de laines peignées tant nationales qu'acclimatées soumises à la filature et au tissage; les draps dénoncent bien l'emploi le plus intelligent de cette substance, mais leurs prix sont toujours très-élevés, et leur finesse, trop recherchée, les éloigne d'un usage habituel par les pauvres. Comme j'appris que l'exportation des mousselines de laine, des jaconas en pure laine, des étoffes à trame de laine et à chaîne de soie avait du chiffre 49 atteint celui de 55 millions, je m'arrêtai pour noter cette branche d'industrie. D'ailleurs, il y avait stagnation positive pour les soies. La stagnation se remarquait aussi pour les toiles de lin et de chanvre. Quant au coton, dont on a négligé de suivre la culture dans les départements où cette plante témoignait devoir prospérer, il se ressent toujours de la crise désastreuse préparée dès la fin de 1827 et surtout depuis 1834. Cependant il convient de louer les percales sorties de Mulhausen, Lille et Bolbec, ainsi que les organdis et les mousselines de Tarare, sur qui l'application du métier à la Jacquart a permis de brocher à peu de frais des dessins du meilleur goût.

Une place immense est occupée par l'industrie métallurgique; elle arrêtait les regards sur les produits de diverses usines travaillant le cuivre et le fer. Ici, comme pour prévenir les dangers inséparables de l'emploi du cuivre dans l'officine culinaire, un heureux hasard avait placé, près des vases et des superbes planches laminées de ce métal, les casseroles, les bassines, les chaudrons et autres ustensiles en fer étamé des frères Jappy, de Beaucourt (Haut-Rhin), qui préviennent tout accident et éloignent la crainte si légitime de la mère de famille. La fabrication du fer prend de plus en plus de l'extension, et témoigne d'une manière remarquable de plusieurs améliorations notables. Il me faut, à ce sujet, citer chaque fois les faux, les limes et les râpes, les scies, les tissus en fil de fer, la grosse quincaillerie et la coutellerie. Quant à l'acier, sans faire de grands pas de plus pour la quantité de ses produits, il se distingue toujours par sa qualité.

Non loin de machines à vapeur qui donnent la plus haute idée de la puissance de l'homme et des moyens que la nature met dans ses mains alors que l'étude, la comparaison et l'expérience président à ses travaux, dirigent les ressources de son génie, je vois quelques instruments d'agriculture qui seront l'objet d'un examen particulier dans un de nos prochains cahiers. Parmi eux je distingue la charrue sortie des mains d'un simple garçon de ferme à Haroué, département des Vosges : la juste admiration l'a fait appeler de son nom *Charrue-Grangé*.

Comment parler des autres objets de l'Exposition au milieu du pêle-mêle où se trouvent les choses d'une utilité réelle et ceux d'une futilité presque enfantine, ceux que le mauvais goût, la sotte prétention de nous reporter à des âges surannés, à des âges de profonde servitude, quand on entend sans cesse bourdonner les mots de *liberté*, d'*égalité*, de *patrie*, sortant de bouches impures ou que le délire d'une prétention ridicule ou les exigences de la mode rendent incapables d'en apprécier toute la valeur morale, publique et privée! Je ne dirai donc rien des écarts sans mérite aucun de l'orfèvrerie, des meubles, des tapis, etc. ; je me contenterai de noter la fabrication du papier ordinaire, surtout celui qui s'obtient à l'aide des mécanismes, et de dire qu'il est en progrès. J'arrive de suite et sans préambule à la neuvième Exposition.

Elle a eu lieu cette année (1839). Des portiques ont été construits aux Champs-Élysées pour recevoir les tributs industriels de toute la France ; ils sont demeurés ouverts à la curiosité publique depuis le 1er mai jusques et compris le 30 juin. On y a reçu 3384 exposants, dont 2047 pour Paris et le département de la Seine, les 1337 autres appartenaient à 79 départements, ceux des Basses-Alpes, du Cantal, du Cher, de la Corrèze, du Gers, du

Lot et de la Lozère n'y ayant point pris part. Ceux qui ont fourni le plus, après Paris, sont, suivant les proportions, les départements de la Seine-Inférieure, du Rhône, du Gard, du Nord, du Haut-Rhin et de la Loire. Ceux qui n'étaient représentés que par un seul exposant sont les départements de la Corse, des Landes et de Vaucluse.

Pour moi qui cherche partout ce qui doit illustrer ma patrie et lui assurer la suprématie, pour moi qui n'aime que l'utile, après avoir étudié tout ce qu'un aveugle jury permet d'étaler à mes yeux, je pose en fait que, en réduisant des deux tiers les articles admis, on aurait donné de l'industrie française une haute idée; mais, telle qu'on l'a faite, l'Exposition de 1839 était plutôt une grande foire royale qu'une véritable Exposition nationale. Le luxe a mis à l'étalage 180 pianos, une douzaine de billards, et près d'eux ses meubles, ses tapis, ses bronzes, ses dorures, ses porcelaines jetés à corps perdus en un genre bâtard que l'on nomme improprement *renaissance* et qui n'est réellement qu'un composé ridicule de tout ce que le gothique a de plus sec et de plus maussade, le mauresque de plus bizarre et de plus niais, les âges de dégénérescence et de féodalité de plus difforme et de plus avilissant. Les fabricants, entraînés par le mauvais goût et la mode, s'appuient sur des feuilletonistes qui brouillent toutes les époques, qui salissent perpétuellement les pages de l'histoire par leurs mensonges, au lieu d'aller puiser de nobles inspirations dans

les monuments qui nous restent du XIVe et du
XVe siècle. Et non loin de ces vieilleries maladroitement imitées, on voit surgir en masses des
savons parfumés, des corsets, des bretelles, des
cannes, des parapluies, des chocolats, de tristes
imitations de la liqueur pleine de charmes que
nous fournit la fève du Caféier! Croit-on avec un
semblable assemblage, digne des siècles de la barbarie et de ces époques désastreuses où des filles
perdues de mœurs tenaient les rênes de l'État
sous le nom d'un imbécile comme Charles VI,
d'un fourbe comme Louis XI, d'un despote comme
Louis XIV, d'un cynique effronté comme le Ré-
gent, d'un libertin brutal et dévot comme Louis XV;
croit-on, dis-je, honorer la France et signaler glo-
rieusement l'époque où nous vivons? Non, mille
fois non; c'est au contraire ravaler son génie,
c'est la couvrir d'oripeaux, c'est la dépouiller de
son manteau de gloire pour la charger des haillons de la misère. Toutes ces tristes créations peuvent orner une boutique : jamais des portiques
dressés au nom de la patrie aux arts utiles!

Le buste de Vaucanson, placé à l'entrée des
salles de l'Exposition, en était la plus amère
critique. Si ce grand homme eût pu porter son regard profondément investigateur du côté de ces
belles machines à vapeur qui, dans leurs diverses
combinaisons, attestent les grandes pensées de
Denis Papin, de Blois [1], et les moyens qu'elles

---

[1] En 1680, Papin conçut et calcula tout ce qu'on pouvait at-

ont fait germer dans les têtes de nos plus habiles mécaniciens, après avoir témoigné hautement son indignation de les trouver confondues avant tant d'objets sans valeur, d'une part il exprimerait sa joie de voir la patrie ne pas oublier que le mérite de l'invention lui appartient sans partage, de l'autre il stigmatiserait la coupable préférence accordée aux étrangers et à leurs machines quand il s'est agi d'établir des bateaux à vapeur sur la Méditerranée; il inscrirait sur les portes mêmes de l'Exposition : « C'est à cette funeste complaisance qu'il faut s'en prendre si cette branche importante de l'industrie française a jusqu'ici marché d'un pas inégal, d'un pas incertain. »

Nous ne saurions trop louer les machines exposées par P. Saulnier, de Paris. Celle à vapeur est pour nous un chef-d'œuvre, comme la chaudière de Ch. Beslay, de Paris, un véritable bienfait; elle met les machines de cette nature à l'abri de toute explosion. Destinée à fournir de la vapeur à haute pression, elle remplit parfaitement le but proposé ; la précision de sa construction, la facilité qu'elle offre pour l'établir, la démonter, la remonter, en ajuster les diverses pièces, la manière

tendre de la force élastique de la vapeur et de sa précipitation subite par le refroidissement. (*Voyez* son livre, *Ars nova ad aquam adminiculo efficacissime elevandam*, imprimé seulement en 1707 à Leipzig.) On pourrait remonter plus haut les justes prétentions de la France à cette découverte importante, en citant les travaux de Florence Rivault, en 1606, et de Salomon de Caus, de Dieppe, en 1615; mais les droits de Papin sont incontestés, même par les Anglais.

savamment calculée pour amener l'eau , la chauffer, la faire circuler, la résoudre en vapeur, absorber la fumée , la rendent éminemment utile et
convenable aux usines situées dans l'intérieur des
villes et des bourgades populeuses.

Parmi les autres machines je dois citer, comme
réunissant à une pensée supérieure la patience
et la perfection de l'exécution, les métiers à filer
et à tisser de Nicolas Schlumberger, de Gueb-
willer (Haut-Rhin), diverses presses hydrauliques,
une machine à faire des clous, celle à mortaiser
de Pichet, de Paris, dont l'idée première appartient à l'ingénieur français Brunel, devenu célèbre
par la très-difficile entreprise du tunnel sous la
Tamise. Après ces grands articles un mot sur le
filoir de Loth, de Paris ; il remplace avec avantage le rouet ; il file aussi vite et aussi fin qu'on le
désire, non-seulement le chanvre et le lin, mais
encore la soie, le coton et la laine.

Citons, en passant, le pyrostat, ou régulateur du
feu, par Sorel, de Paris, dont l'importance est jus-
tifiée par la série des belles expériences de Bec-
querel et Breschet sur la chaleur animale. Quant
à l'application qu'il a voulu faire de son système
aux appareils culinaires, elle ne m'a point paru
heureuse : peut-être, avec de nouvelles études, par-
viendra-t-il à atteindre ce but.

Je me suis arrêté avec intérêt devant les belles
pièces de précision exposées par Perrelet, les chro-
nomètres par Vincenti, de Montbéliard (Doubs),
les instruments de météorologie par Bodeur et

Bunten, de Paris, et plus particulièrement devant les produits chimiques dont la fabrication se lie à nos aliments, à nos vêtements, à la construction et à la salubrité de nos demeures, etc.; ceux préparés par François Brosson, de Vichy (Allier), m'ont surtout intéressé, parce qu'ils sont d'une grande pureté et qu'il les livre bien au-dessous des prix les plus bas qu'ils coûtent en Angleterre, où le commerce s'entête à les aller demander, quand chez nous cette branche d'industrie scientifique est mieux étudiée et cultivée avec plus de succès qu'ailleurs [1]. Nos exportations en ce genre le prouvent : elles étaient, en 1827, de 10 millions 790,000 fr; en 1833, elles élevèrent le chiffre à 14 millions 043,000 fr.; et, pour la moitié de l'an 1839, il dépasse 20 millions.

Si je ne dis rien maintenant des charrues, semoirs, machines à battre, pétrins et autres articles intéressant directement l'agriculture et l'économie domestique, c'est que j'ai promis de m'en occuper particulièrement dans une revue générale où chaque chose sera examinée avec l'œil sévère de l'investigation, éclairée par le flambeau de la manutation, et jugée selon son importance et le degré de son utilité. Je veux cependant noter ici

[1] La fabrication des produits chimiques est très-considérable à Paris et sa banlieue; après, pour les spécialités, on place Marseille pour les soudes, savons et acides; Dijon pour les acides ; Bordeaux pour les acétates ; Montpellier pour les acides et les sels ; Strasbourg pour les aluns et les acides; Lyon pour l'orseille, les couleurs de teinture, etc.

les améliorations nouvellement apportées par Ducommun aux fontaines à filtre de charbon végétal inventées par Lowits et introduites en France depuis 1810; elles ajoutent à l'excellence de ce meuble, que, dans l'intérêt de la santé, chaque famille devrait posséder là où l'on ne compte pas d'établissement public pour les eaux filtrées. Je veux aussi dire un mot des marbres, que les statuaires et les architectes doivent désormais tirer de nos Vosges, de nos Alpes et de nos Pyrénées. Des masses immenses du plus beau grain, aux couleurs variées dans tous les tons, depuis le blanc le plus pur jusqu'au noir le plus intense, ne nous laissent plus rien à envier aux anciens, ni à la Grèce et à l'Italie modernes. Nos pierres lithographiques de Châteauroux (Indre) et des départements du Doubs, du Jura, etc., rivalisent maintenant avec celles que nous allions hier encore chercher en Bavière.

Puisque nous touchons aux arts proprement dits, inscrivons les progrès étonnants de la lithographie depuis qu'elle est le patrimoine des dessinateurs les plus habiles et que le tirage en est soigné; la beauté des épreuves qu'on obtient de la chromolithographie, la dernière invention de Engelmann, de Mulhausen; les modèles en relief exécutés en liège avec autant de soins que de patience par Auguste Pelet, de Nîmes, et par Duclaux, de Paris, de divers monuments romains que l'on voit encore à Nîmes, à Orange, à Avignon, à Arles, à Vienne et autres villes de nos départements du Midi. Je suis longtemps demeuré devant les superbes vitraux exposés par la verrerie de Choisy-sur-Seine, d'après les procédés chimiques de Jones et les dessins si purs, si profondément sentis d'Adolphe Fries, de Hanau. L'on croit, en les étudiant, retrouver tout ce que le XIVe siècle nous a laissé de plus fini, de plus parfait, tant le génie du jeune artiste est pénétré des ressources de l'art qu'il cultive avec le plus grand succès[1] : c'est le vitrail des plus beaux âges de cette peinture avec toute sa naïveté, avec son inspiration religieuse, ennobli par les progrès des arts et les charmes de la poésie. Les fleurs peintes sur albâtre par Servais, de Paris, les couleurs vitrifiées employées sur lave émaillée par Hachette, et celles que Daubigné appelle *lapidifiques* pour la peinture à fresque, m'ont paru promettre beaucoup à l'art et à l'industrie.

En revenant sur nos pas, pour résumer en quelques lignes le bien produit jusqu'ici par le spectacle des Expositions dans ce qui les lie plus intimement avec les besoins de l'agriculture, de l'économie rurale et domestique, et d'une industrie nationale essentiellement progressive, blâmons encore une fois l'abus des récompenses et disons qu'elles n'arrivent presque jamais aux véritables auteurs des

---

[1] Les amateurs des beaux-arts connaissent et possèdent toutes les précieuses lithographies sorties du crayon plein d'âme de cet artiste distingué, que nous voyons à regret quitter en ce moment la France pour aller visiter la Nubie, l'Abyssinie, les bords de la mer Rouge et l'Égypte.

découvertes, encore moins à ceux qui les ont mises en état d'être employées avec succès [1]. On parle de 60 médailles en or, de 300 en argent et de 418 en bronze chargées de répondre à l'avidité des faveurs, aux exigences de l'amour-propre et de signaler la justice du jury en même temps que la protection du pouvoir. Ce sont les éditeurs d'inventions, les marchands des produits de l'Exposition qui toujours absorbent les eaux du Pactole : le talent et le vrai mérite cachés derrière de brillantes tentures n'obtiennent pas même une simple mention ! et l'on avait promis d'être sobre en dépenses inutiles, toujours à la charge du peuple !...

RÉSUMÉ. — Le travail est le seul créateur des richesses durables ; il accroît en même temps la puissance de l'industrie qu'il étend les jouissances individuelles et qu'il place une nation tout entière dans la situation la plus heureuse pour sa longue prospérité. Pour que cet état se maintienne, il faut que le travail occupe constamment le plus possible de bras, qu'il mette en œuvre les productions spontanées du pays et celles que la patience du cultivateur est parvenue à y acclimater ; il faut, en outre, qu'il ait sans cesse en

[1] En 1834, nous avons cependant remarqué une médaille d'or arriver à Émile Grimpé, graveur de cylindres à imprimer les étoffes ; une médaille d'argent accordée à J. Tuvion, ouvrier en schals à Nîmes ; et trois en bronze, remises à Déon, ouvrier ciseleur à Paris, Leblanc-Gilles, schallier à Paris, et Jacques Beyer. tisserand à Frenay-sur-Sarthe.

vue les débouchés actuels et à venir, les débouchés faciles et de tous les instants. Car, lorsque la
fabrication s'exerce sur des matières qu'on est
contraint d'aller mendier au dehors, elle pivote
sur une base mal assurée, toujours prête à lui
manquer; elle se soumet aux caprices, aux exigences d'une jalousie d'autant plus cruelle qu'elle
est plus forte et plus voisine. D'une autre part,
quand la fabrication déborde la consommation,
ce manque d'équilibre dérange les calculs les
mieux assis; il entrave tout et prépare des crises,
dont les résultats sont toujours pénibles. C'est
donc moins à la quantité qu'à la qualité qu'elle
doit viser; c'est donc plutôt à perfectionner, à simplifier les méthodes en usage, à livrer au plus bas
prix, qu'à se perdre dans des recherches, dans des
difficultés, dans des raffinements : ce sont les
pommes d'or du jardin des Hespérides qu'il convient de dédaigner quand dans sa course on veut
arriver au but, mériter la palme et la reconnaissance générale. L'intérêt de tous est pour l'industrie un appréciateur équitable; il lui sert d'appui
toutes les fois qu'elle pourvoit aux besoins bien
entendus de l'intérêt privé.

Tel était aussi primitivement le but imposé aux
Expositions, mais il a été dénaturé par l'aristo-
cratie militaire et les colifichets enfantés sous
l'Empire, désennobli par les roueries de la Régence remises en honneur depuis 1814, et, depuis
1819, en encourageant, comme le fit Colbert, les
niaiseries d'un luxe tout d'ostentation. Qu'en est-

il résulté? Loin d'avoir marché franchement dans la voie des progrès, on a soulevé des rivalités mesquines et trompeuses, on a provoqué un état de malaise général, on a amené le divorce des classes ouvrières avec les manufactures, où tout se fait à l'aide des machines; on a fondé un luxe factice qui cache maladroitement la stagnation du commerce intérieur; on a, comme au temps de la Régence, fait surgir dans tous les rangs des Macaires, les uns en haillons, les autres titrés, chamarrés, estampillés de toutes les sortes et dignes de l'être; les uns roulant dans la rue ou placés sous l'auvent de l'échoppe, les autres appelés à la haute administration; on les a vus spéculer sur le scandale et sur la fortune publique avec une audace telle qu'ils ont pu briser les tables de la loi, braver le glaive de la justice et rendre sans valeur les mots *honneur*, *délicatesse*, *amitié*, *vertu*, *patrie*. Ce sont des faits que j'écris, et non les boutades d'un esprit chagrin. Ce que l'expérience démontre, un simple raisonnement l'explique.

Voilà bientôt la quarante-et-unième année écoulée entre la première et la neuvième Exposition; voilà 410 médailles d'or, près de 1450 en argent, plus de 150 étoiles de la Légion-d'Honneur jetées à l'avidité plutôt qu'au mérite réel, auquel on a réservé la plus petite part dans les 1700 médailles de bronze distribuées depuis 1801. Dira-t-on qu'elles ont donné de l'essor à l'industrie, qu'elles ont fait naître un seul procédé nouveau, qu'elles sont en état de justifier toutes les dépenses allouées? Non, mille fois non : ce ne sont point les Expositions comme on les a faites, ce ne sont point les prétendues récompenses accordées sans critique et avec ostentation qui amenèrent l'industrie au point où elle est arrivée, qui décidèrent ces immenses perfectionnements qui sont venus, pour ainsi dire, métamorphoser les arts anciens en arts nouveaux.

Le flambeau des sciences, allumé lors de l'incendie des vieux échafaudages de la féodalité, en versant une large lumière sur la nation française, l'a forcée à se débarrasser d'une foule d'usages et de procédés consacrés par la routine aveugle et mensongère ; il l'a habituée à mettre au grand jour les inventions qu'autrefois on condamnait à demeurer sous le boisseau ; la presse, en répandant la connaissance de ces discussions ouvertes sur les questions les plus importantes et les plus difficiles soulevées par les nécessités, par les découvertes du moment ; la multiplicité de ces sociétés où chacun peut pénétrer, où des prix sont offerts à l'investigation qui voit chaque jour de plus loin et de plus haut ; l'impulsion imprimée à toutes les pensées dont le privilége particulier est de s'agrandir à mesure que leur vol s'accélère davantage, les méditations des esprits supérieurs qui ouvrent le chemin des grandes découvertes, des découvertes utiles : voilà les sources véritables, les sources sacrées d'où jaillirent les miracles si peu attendus opérés par les arts industriels. Ces problèmes de géométrie transcendante, longtemps

regardés comme insolubles, ces théories longtemps stériles, nous les voyons expliqués aujour-
d'hui, mises en pratique par les plus simples ouvriers et produire sous leurs doigts des effets extraordinaires et vraiment prodigieux.

C'est à l'union de la politique avec la science,
de la science avec les arts (union frappée d'inertie
par l'Empire, en isolant les unes des autres les
classes de l'Institut national), qu'il convient d'attribuer le mouvement actuel, les efforts que chacun fait pour conserver le bien acquis et reculer
de plus en plus les limites d'un mieux possible.
C'est aux germes féconds sortis de la Révolution, de cette époque à jamais mémorable, où
le plus noble enthousiasme créa quatorze armées
pour conquérir la liberté, repousser les hordes
étrangères, et commença cette ère d'héroïsme, de
généreux sacrifices qui, malgré tout, a placé
ma patrie à la tête de la nouvelle civilisation.
C'est à ces germes que l'on doit les découvertes
de la chimie moderne, les inventions de la mécanique, toutes les applications de l'étude approfondie des lois de la nature aux besoins de la société, l'emploi des gaz et de la vapeur, l'épuration
des fers, la cémentation de l'acier, les développements de l'agriculture, de la navigation, de toutes
les branches du domaine des arts.

Quelle puissance cette action déjà si grande
n'eût-elle pas reçue encore si les Expositions se
fussent associées à l'inspiration du génie, si l'u-
tilité publique eût été constamment le point de

mire des concurrents, si l'émulation eût été soutenue par la justice, si les récompenses nationales
fussent arrivées aux plus dignes! Certes, la patrie
y eût gagné sous tous les rapports, et les médailles
accordées eussent été réellement honorables.

Un seul effet avantageux produit par les Expositions est celui de leur adoption particulière dans
plusieurs départements, à Caen depuis 1819, à
Lille depuis 1820, etc.; mais il faudrait qu'elles
fussent partout aussi fécondes que celle de 1838 à
Mulhausen; là l'industrie nationale et locale était
mise en regard de l'industrie étrangère; là se
taisaient ces dégradantes jalousies qui tendent à
isoler les hommes et les nations, et pour leur imposer un silence honorable les termes de comparaison se trouvaient l'un près de l'autre; là celui
qui a foi dans le progrès nécessaire des sciences
et des arts, des institutions politiques et de la civilisation, voyait ce qu'il avait à faire pour compléter son œuvre et pour marcher à de nouvelles
créations. Les Expositions départementales sont
un moyen direct d'enregistrer les besoins du pays
et d'exciter des améliorations locales très-importantes; elles mettront au grand jour les noms ainsi
que les travaux des véritables auteurs d'inventions
et de perfectionnements, *qui trop souvent,* selon le
mot de Montaigne, *ne bougent de leur place et s'évanouissent sans durée,* jusqu'à ce qu'un autre, plus
adroit ou plus favorisé de l'aveugle fortune, vient
s'en emparer et les transmettre à l'histoire sous
son nom. C'est faute d'une semblable institution

que nous cherchons en vain le nom de celui qui, le premier, a pétri le pain, tissé la toile, fabriqué la brique, introduit l'usage de toutes ces machines, de ces nombreux outils dont l'existence et l'emploi se lient à nos besoins de tous les jours, de tous les instants. Les annales des nations, écrites par des poëtes adulateurs, par des causeurs indiscrets ou des conseillers serviles, renferment des faits plus propres à affliger l'humanité qu'à l'instruire, des noms indignes de surcharger la mémoire : l'utile est ce qu'on n'y trouve pas.

Il y a imposture à attribuer aux Expositions nationales dont nous venons de tracer le tableau le système d'éclairage adopté pour les habitations privées, pour les villes, les édifices publics et les grands ateliers de travail, puisqu'il remonte d'une part à l'année 1784, et de l'autre à 1790, qu'il appartient pour la lampe à courant à Amy Argant et pour l'éclairage par le gaz à Philippe Lebon. Le perfectionnement des appareils distillatoires pour les vins et les eaux-de-vie date du xiiie siècle et est dû à Armand de Villeneuve, et particulièrement de l'année 1801, qui fut signalée par les grands travaux d'Édouard Adam, et de l'année 1805 par ceux d'Isaac Bérard. L'acquisition des Mérinos, l'emploi de leur riche toison, appartiennent à la République. Le bel établissement de Naz, dû à l'association de quelques propriétaires, a fait plus pour l'amélioration de nos troupeaux que les bergeries entretenues à grands frais aux dépens du trésor public. Le problème proposé pour le filage du lin a été la conséquence du blocus continental et de l'introduction en France du Mull-Jenny des Anglais. Nous avons dit ce que le gouvernement a fait pour les machines à vapeur : ce n'est point à lui qu'il convient d'attribuer leur état prospère actuel. Tout ce que l'on a fait pour convertir la fécule en sucre, pour améliorer les vins et la bière, pour en extraire la dextrine, qui remplace la gomme du Sénégal dans l'impression des tissus, dans les apprêts de la teinture, est la conséquence des travaux de Parmentier et de Cadet-de-Vaux. Le métier de Jacquart, dont on fait chaque jour de nouvelles applications, fut créé dans le silence de l'obscur atelier d'un simple ouvrier et traité avec une sorte de mépris aux Expositions, comme on vient d'en agir à l'égard des produits chimiques de F. Brosson. Peut-on leur attribuer la perfection des fers de Fourchambault, des tôles de Framont et d'Imphy, des excellentes faux de Toulouse et des autres articles signalés plus haut? Je ne le crois point et j'en administrerais aisément les preuves. Quant à l'agriculture, quel a été son profit? Rien. A part la charrue-Grangé, les autres instruments étalés à nos yeux n'ont absolument apporté aucune innovation utile, ainsi que nous le verrons bientôt dans une revue sur cet objet qui, sous peu, trouvera place dans nos cahiers.

Que conclure de tout ce qui précède? Il faut. changer le système défectueux des Expositions nationales actuelles, leur assigner un des palais de la capitale, y placer en regard, comme à Mulhausen, les productions du pays et ceux de l'étranger, indiquer les prix anciens et les prix actuels, les noms des auteurs et ceux des fabricants qui les emploient; il faut enfin rendre publics les rapports des commissions chargées de juger les objets exposés, et laisser aux représentants de la nation l'honneur de décerner, en son nom, les récompenses justement méritées.

BIBLIOGRAPHIE.

Manuel pour la Culture en pleine terre des Ipomées-Batates sur grande, moyenne ou petite extension dans les contrées de l'Europe, etc., par **J.-F. VALLET DE VILLENEUVE. 1 vol. in-8° de 160 pages, avec trois planches in-folio. Prix : 5 fr., et 7 fr. 50 cent. figures coloriées. Paris, chez Huzard, libraire, rue de l'Éperon, 7.**

Riche d'une expérience soutenue sans interruption de 1815 à 1839 et appuyé sur les faits incontestables qu'il n'a cessé de recueillir, M. Vallet de Villeneuve était en droit, plus que tous ceux qui se sont permis jusqu'ici d'écrire sur la Patate, de nous dire ce qu'il convient de faire pour l'obliger à prospérer en France, même sous le 48ᵉ degré de latitude-nord et à y prendre place parmi les végétaux de pleine terre. Son livre est un véritable manuel pratique. Quiconque veut se livrer à ce genre de spéculation agricole doit l'avoir sous les yeux et en suivre ponctuellement les préceptes, sauf, plus tard, éclairé par une longue habitude, à apporter quelques modifications nécessaires aux méthodes qu'il prescrit. Dans les commencements de l'entreprise il est sage de s'en remettre entièrement à celui qui parle d'après une pratique mûrement réfléchie et couronnée par une réussite de vingt-quatre années obtenue en Italie, dans nos départements méridionaux et sous la latitude même de Paris. Depuis 1836 la Patate est réellement acquise à la Corse.

C'est par erreur que M. Vallet de Villeneuve emploie l'expression *Ipomées-Batates*; il a cru sur parole certains novateurs en botanique : la Patate ne fait aucunement partie du genre *Ipomœa*, mais bien positivement du genre *Convolvulus*. En se servant du mot *Batate*, il a voulu, dit-il, éviter que l'on ne confondît sa plante de prédilection avec la pomme-de-terre, à laquelle les ignorants attribuent sottement le nom de *Patate*, comme traduction du mot anglais *Patatoe*.

ÉCONOMIE RURALE.

—

Origine du **Sarrazin** *et de sa culture comme plante alimentaire pour l'homme, comme fourrage et comme
engrais des terres.*

HISTORIQUE. — Le Sarrazin, *Polygonum fagopyrum*, L., que l'on appelle très-improprement *Blé
noir* [1] puisqu'il ne présente aucun des caractères
appartenant à la famille des Graminées, n'a point
été tiré de la Grèce, comme l'avance très-gratui-
tement Bruyère-Champier [2], Heresbach [3] et divers
autres auteurs; il n'a pas été non plus apporté
par les Maures lorsqu'ils envahirent l'Espagne et
la France au septième siècle de l'ère vulgaire :
c'est une erreur que les compilateurs perpétuent
en se copiant les uns les autres. Il ne nous est
point également venu, comme le disent Faipoult [4],
Van-Hultem [5] et Bory Saint-Vincent [6], de l'Asie,

[1] On le nommait, au milieu du seizième siècle, au rapport de
Olivier de Serres, *Millet-Sarrazin* et *Bucail*. En adoptant le
mot nouvellement créé de *Fagopyre* et *Fagopyron*, Gaertner,
d'après Tournefort, voulut élever le Sarrazin au rang de genre;
mais il doit, comme Linné le dit, demeurer dans le genre Renouée, *Polygonum*, dont il fait partie essentielle. J'ignore pourquoi dans quelques localités il est connu sous le nom de *Carabin*.

[2] *De re Cibaria*, lib. V.

[3] *Rei rusticæ libri*. Colonia, 1571, in-8°.

[4] *Tableau statistique du département de l'Escaut*. Paris,
1803, in-f°, page 64.

[5] *État ancien et moderne de l'Agriculture et de la Botanique dans les Pays-Bas*. Gand, 1817, in-8°, page 6.

[6] *Préface des Annales générales des Sciences physiques*, im-
primées à Bruxelles en 1818.

10

à l'époque des désastreuses croisades, malgré la tradition reçue, et dont ils s'appuient, laquelle veut que ce soit dans l'église du village de Zuydorpe, en Belgique, que furent déposées les cendres du croisé qui le premier introduisit le Sarrazin en Flandre, et par suite en Europe.

Ce qui prouve le contraire de cette double assertion, c'est que le Sarrazin redoute les chaleurs et ne végète pleinement que sous l'atmosphère humide des climats tempérés; il n'existe ni chez l'Espagnol, ni sur les côtes septentrionales de l'Afrique, ni dans l'intérieur si mal cultivé de cette partie de l'ancien hémisphère, ni chez l'Arabe, ni même dans les contrées de la France où les Maures ont étendu leurs courses; il ne se voit point non plus dans l'Orient, comme on l'indique, et, pour le rencontrer spontané sur le sol asiatique, il faut s'élever sur les vastes plateaux du Thibet, et mieux encore franchir la longue chaîne de l'Altaï, entrer en Sibérie, et du nord de l'Asie se rendre dans le nord de l'Europe, où cette plante abonde et où elle fut cultivée dès la plus haute antiquité depuis les environs du pôle jusqu'aux régions moyennes ou tempérées.

Son nom actuel est une corruption du nom celtique qu'elle portait autrefois, *Had razin*, grain rouge, à cause de la couleur de ses tiges, ou bien de celle de ses fleurs rougeâtres, ou de ses graines triangulaires, qui du brun rougeâtre passent au noir au moment de la maturité. Les anciens géopones grecs et latins, de même que les premiers botanistes, ne font aucune mention du Sarrazin. Crescenzio ne l'a point connu, lui qui écrivait à Bologne au treizième siècle; il n'a été porté dans l'Italie que deux siècles plus tard, et le nom de *Farnia* qu'on lui donne dans la Lombardie dit assez qu'il y est descendu de l'Allemagne. En effet, dans les langues germaniques, le Sarrazin porte vulgairement le nom de *Buch-Weizen* [1], c'est-à-dire Blé de faîne, ou graine ayant de la ressemblance avec les fruits du hêtre, et comme Vitruve [2] nous apprend que cet arbre s'appelait également chez les Romains *Farnus* et *Fagus,* on remonte aisément à l'étymologie que nous indiquons. Quant au mot *Fagopyrum,* sous lequel les botanistes le connaissent depuis le seizième siècle, il est de l'invention de Bodée de Stapel [3] et n'est que la traduction en grec du mot allemand.

Description botanique. — Des racines fibreuses et annuelles du Sarrazin partent des tiges droites, cylindriques, striées, charnues, hautes de 30 à 40 centimètres, garnies de nombreux rameaux et de feuilles alternes, cordiformes, sagittées, d'un beau vert clair, dont les inférieures sont pétiolées et les supérieures sessiles. Ses fleurs, sujettes à cou-

---

[1] Ce mot, que l'on trouve plus ou moins modifié selon les dialectes, est le *Bæk-Weit* des Hollandais, d'où les Belges ont fait *Bouquette,* mot adopté dans nos départements du Nord : c'est donc à tort qu'on a voulu faire venir ce mot de la disposition des fleurs, qui, par leur abondance et leur durée, ressemblent assez à des bouquets faits à la main.

[2] *De Architectura*, lib. VII, cap. i.

[3] *Commentarii in* Theophrasti *historiam plantar*, page 921.

ler, s'épanouissent en juillet, successivement et pendant près d'un mois et demi; elles sont rassemblées en bouquets à l'extrémité de chaque rameau. Leur calice monophylle, à cinq divisions légèrement rouges, renferme huit étamines, un ovaire simple, supère, surmonté de trois styles et autant de stigmates. L'ovaire donne naissance à une seule graine, dont l'écorce, friable, amère et fort désagréable, couvre une farine très-blanche qui ne lui est presque pas adhérente et qu'il importe d'en séparer entièrement pour ne pas en altérer la saveur ni la couleur. Le Sarrazin est inscrit dans l'Octandrie trigynie du système linnéen, famille des Polygonées.

Terrains convenables. — Notre plante vient à peu près dans toutes les sortes de terrains, surtout ceux où le froment ne végèterait que misérablement. Les sols sablonneux et arides lui conviennent, pourvu que la sécheresse ne vienne pas absorber l'humidité dont elle a besoin; elle prospère également sur les terres argileuses et fortes, les terres à bruyères, et dans celles des marais assainies auparavant. On la cultive avec le plus grand avantage sur les défrichements de cette nature; elle y est une excellente préparation pour toute autre espèce de grain. Elle réussit également bien sur une jachère, sur un sol qu'on a converti en pâturage ou laissé en repos durant quelques années. Sur une bonne terre fumée le Sarrazin est plus vigoureux, mais il pousse plus en herbe et donne beaucoup moins de graines.

Du semis. — Quand on veut le semer il faut le faire à la volée ou par rangées, en mai ou juin, sur un ou deux labours peu profonds, le second servant à enterrer les engrais tirés des monceaux de bruyères, qui lui conviennent particulièrement; on recouvre à la herse ou par sous-raies. Le rouleau ne convient nullement. Si le temps est sec le Sarrazin ne lève pas, et, s'il survient des gelées tardives, comme il arrive à la mi-mai et même à la mi-juin, la plantule périt infailliblement. Si tout se passe convenablement et qu'elle ait acquis sa troisième feuille, elle vient vite et bien. A l'époque de la floraison, elle redoute encore les brouillards, les gelées, les coups de soleil; je n'ajoute pas les éclairs, comme le font certains auteurs, et particulièrement Duhamel du Monceau et Thaër, parce que l'expérience ne m'a point appris que les phénomènes électriques neutralisent le pollen et rendent la plante stérile. Ce qu'elle m'a enseigné, c'est de semer à trois ou quatre époques différentes, afin d'abriter mes champs, rendre mes récoltes assurées et faire d'excellentes coupes en septembre ou octobre.

Vingt à 30 kilogrammes de graines sont nécessaires pour ensemencer un demi-hectare à la volée; mais, si on le fait par rayons, cette quantité se trouve réduite d'un tiers au moins, quelquefois même de moitié. La dépense que cette opération entraîne est de 1 fr. 50 c. ou de 2 fr. au plus.

En nos départements du Centre et du Midi l'on peut faire deux semis dans l'année: le premier en avril, lorsqu'on ne craint plus les gelées tardives, pour recueillir à la fin de juin ; le second dans le mois de juillet, après la moisson du seigle et du froment, pour récolter à la fin de septembre. Dans le Nord, où le ciel offre une moins longue suite de beaux jours, on se contente d'une seule récolte, et, si l'on sème de nouveau, c'est pour enfouir.

Enfouissement. — Quand on craint qu'un second semis ne graine pas complétement, on le retourne dès qu'il est couvert de fleurs. Ce moyen est doublement avantageux. Comme la plante est promptement réduite en terreau, l'on peut, au Nord, obtenir une récolte dérobée qui sera d'autant plus belle que le sol, parfaitement et pour longtemps nettoyé des végétaux parasites, dont le Sarrazin étouffe les germes par son ombre, aura trouvé dans son sein plus de sucs nourriciers qu'il n'en avait précédemment fournis à la plante retournée. J'ai fait une remarque fort curieuse sur cette plante une fois enfouie. Peu de jours après l'opération, le sol se couvre d'une vapeur blanchâtre, épaisse, semblable à celle qui s'élève le matin au-dessus des marais : c'est la preuve que la partie herbacée fermente vivement, se décompose et se convertit en terreau [1].

[1] Au moment même où je corrige l'épreuve de ces lignes, un ami me fait craindre que l'observation ne soit pas nouvelle ; je me suis livré à des recherches pour m'en assurer. En effet, elle a été publiée une première fois, en 1769, par l'illustre La Chalotais et par lui consignée dans les actes de la Société d'agriculture de Rennes. Je suis bien aise, en rendant justice à qui elle appartient, de reconnaître que j'avais bien vu : c'est une double satisfaction pour moi.

On a voulu contester ce fait si important pour nos départements méridionaux, où, comme l'observe Rozier, l'on est presque forcé de laisser les terres à grains en jachères, parce que les fumiers y sont rares. Sur quoi s'appuie-t-on ? De ce que les anciens géopones n'ont point mentionné le Sarrazin (qu'ils ne connaissaient point, ainsi que nous venons de le voir) parmi les plantes bonnes à enfouir en pleine floraison ; on a prétendu qu'il doit seulement être cultivé pour sa graine, et la masse de ses tiges être employée comme litière, parce que, en s'imprégnant des déjections animales, elles forment un fumier consistant, durable et même supérieur à celui fourni par la paille ordinaire. J'adopte cette dernière destination pour celui qui demande au Sarrazin une abondante récolte de graine, mais j'atteste sa puissance, son économie, sa commodité, son excellence et la longue durée de ses effets comme engrais d'enfouissement. Rien d'exclusif en agriculture, je le sais ; mais quand l'industrie agricole bien dirigée le veut positivement, elle parvient à modifier le sol qu'elle exploite par un bon système d'assolement et l'oblige à produire des résultats qu'on était loin d'en attendre. Citons-en une preuve.

En associant le Sarrazin avec le Trèfle farouch, *Trifolium incarnatum*, et la graine de Raves, *Raphanus campestris,* on obtient, dans le terme d'une année, trois récoltes, plus un abondant pâturage d'automne pour les moutons, et une terre semée par la graine tombée des gousses de trèfle, que l'on enterre par un coup de charrue, et sur lequel on pourra dans le même temps faire un nouveau semis de Sarrazin, et en obtenir encore une récolte intercalaire. Le pâturage paie à lui seul tous les frais nécessités pour semer, faucher, faner et battre.

DE LA CULTURE. — Gilbert et d'autres habiles praticiens recommandent, ainsi que je l'ai dit, de labourer peu profondément la terre qui doit porter du Sarrazin, de le semer à plat et de recouvrir légèrement la graine. Rozier blâme cette méthode de culture : il veut que l'on multiplie les labours, même coup sur coup, et qu'on ouvre profondément la terre. Une pareille contradiction vient de ce qu'en donnant des préceptes on oublie trop souvent l'application qui doit en être faite. Ainsi, le Sarrazin étant cultivé sous trois rapports différents, on aurait dû distinguer le genre de culture d'après le but que l'on se proposait. Il est évident que, si l'on veut l'enfouir comme engrais, il ne demande pas les mêmes soins que lorsqu'on le destine à fournir ses propriétés alimentaires à l'homme et aux animaux domestiques. Dans le premier cas on donne un labour vers la fin de mai, on ameublit le sol et l'on sème ; deux mois ou deux mois et demi après on enfouit en labourant de nouveau ; puis, aux pays chauds, on sème aussitôt du Sarrazin, qu'on laisse monter en graine ; aux pays froids, cet engrais est merveilleux pour les semailles destinées à passer l'hiver.

Malgré l'opinion contraire, le Sarrazin réussit

sans labours croisés et profonds, plus convenables aux plantes à racines pivotantes qu'à ceux à racines fibreuses (observation essentielle à faire dans la culture des unes et des autres). Le Sarrazin ayant donc les racines fibreuses, l'usage où l'on est généralement de ne lui donner qu'un seul labour est assez justifié pour le regarder comme une loi. D'ailleurs, puisque cette plante s'en contente et que la récolte n'en est ni moins abondante ni de moindre qualité, pourquoi s'imposer plus de peine? D'un autre côté, si le Sarrazin effrite le sol, l'inconvénient deviendrait donc beaucoup plus grave avec des labours profonds?

Il est très-avantageux de substituer cette plante à l'orge, et encore plus à l'avoine, lorsqu'on veut allonger la série de rotation pour les terres sèches, légères et même sur celles où les circonstances du moment n'ont point permis de semer les céréales en temps utile. Le Sarrazin vient mal directement après une céréale ; il prospère, au contraire, très-bien après une jachère, après une levée de pois, de raves ou de pommes-de-terre.

Durée de la végétation. — Aucun insecte n'attaque notre plante durant les diverses périodes de sa végétation, laquelle, depuis l'époque du semis jusqu'à celle de la récolte, n'occupe le sol que de 80 à 100 jours, suivant le climat et la saison. Quoique parvenue à l'instant de fructifier la plante ne cesse point de fleurir ni de mûrir ses graines, qu'elle répand à mesure que de nouvelles fleurs s'épanouissent : aussi n'est-il pas facile, pendant cette fleuraison, cette fructification et cette dissémination continuelles, de déterminer l'instant précis de la moisson. Il faut prendre pour règle le moment de maturité de la plus grande partie du grain, c'est-à-dire lorsqu'il est d'une couleur brune.

RÉCOLTE. — On a deux méthodes de récolter le Sarrazin; on coupe à la faux ou bien on arrache à bras. La première est plus expéditive; mais, comme elle laisse tomber beaucoup de graines, celui qui la cultive sous ce point de vue doit préférer la seconde. Pour l'une comme pour l'autre il convient de choisir un temps un peu humide, ou ne faire la récolte que le matin et le soir pendant la rosée ou durant une pluie fine. La grande chaleur sollicite l'égrainement, et n'est utile que pour dessécher la plante mise en javelles de moyenne grosseur, qu'on lie par le sommet et que l'on tient droites soit en écartant leur base, soit en les traversant d'un échalas pour les mieux assujettir et résister aux coups de vent. On les couvre d'une sorte de chapeau fait avec une botte renversée, afin de les protéger contre le pillage des oiseaux. L'air, en pénétrant entre les gerbes, oblige le reste de la sève demeurée dans les tiges à nourrir le grain et achève sa maturité : 15 jours suffisent à ce dernier travail. Alors on porte sur l'aire établie près de l'habitation, on bat au fléau par un beau soleil, on vanne, on crible, on met la graine en petits tas sur le grenier, en ayant soin de les remuer souvent dans les temps humides et chauds, afin d'empêcher que la graine ne s'échauffe et ne s'altère.

Pour ne rien perdre, quand on a enlevé les gerbes et qu'on a terminé la triple opération de battre, de vanner et de cribler, on conduit sur les lieux les dindes et les autres volailles de la ferme, qui trouvent abondamment un grain dont elles sont très-friandes et qui les engraisse en fort peu de temps.

RAPPORT. — Dans les bonnes années le Sarrazin rapporte 40 et même 60 pour 1; dans les années de longue sécheresse ce produit arrive à peine à 10 et 15 pour 1; mais que ceci ne soit point regardé comme un point défavorable, en pareille circonstance le meilleur froment ne donne positivement que 5 pour 1.

EMPLOI DE LA GRAINE. — La graine est actuellement beaucoup moins qu'autrefois employée à la nourriture de l'homme : la Solanée parmentière a pris heureusement sa place. Sa farine blanche a une saveur propre qui n'a rien de désagréable; elle conserve sa couleur franche et n'est point salie par le son quand le meunier écrase la graine sans trop découper son enveloppe, ou, pour me servir de l'expression technique, qu'il fait une *mouture ronde*, dans laquelle le son est toujours large, sec et plat. La farine n'est pas susceptible de la fermentation panaire. Lorsqu'on s'obstine à en faire du pain, celui-ci, quelque précaution que l'on prenne, ainsi que Parmentier l'a dit, ne reste frais que quelques heures; dès le lendemain de sa cuisson il se sèche, il se fend, s'émiette et finit par devenir insupportable, sans pour cela devenir malsain. Comme les

Celtes, nos aïeux, l'employaient sous cette forme, il faut croire qu'ils n'en préparaient que la quantité nécessaire pour la journée; ils aidaient à sa fermentation par la levure de bière. On fait avec la farine de Sarrazin d'excellentes bouillies, des crêpes, des biscuits et des galettes fort nourrissantes; elles sont très-savoureuses dans nos départements de l'Ouest, où j'en ai mangé avec plaisir. Elles sont aussi fort appétissantes sous le chalet de nos Vosges, sur les Cévennes et autres pays granitiques. Le lait écrêmé entre avec plus de succès dans cette bouillie que le lait fraîchement trait. Refroidie, elle devient compacte, et peut être coupée par tranches, que l'on met à frire ou griller. Les crêpes où la farine de Sarrazin est unie à des œufs bien battus avec du lait écrêmé, quand elles sont bien cuites, enduites toutes chaudes de beurre frais et saupoudrées de sel fin, sont un manger très-délicat.

On a voulu combiner la farine de Sarrazin avec d'autres farines, afin de rendre sa panification plus profitable : les essais n'ont pas toujours réussi. Nous les avons répétés, Parmentier, Cadet de Vaux et moi, en 1812, quand nous nous occupions de nouvelles recherches sur la panification; nous avons été plus heureux. Après avoir mêlé par parties égales les farines de Sarrazin, d'Orge ou de Seigle, et formé notre pâte, à laquelle fut additionné un cinquième de levain de Froment, nous avons obtenu un pain de belle apparence, bien lié, d'une saveur agréable, quoique la mie fût légèrement visqueuse. Quand nous avons substitué à la farine d'Orge celle du Froment, le pain était meilleur, **mais** il avait une couleur bise.

Cependant des savants recommandables par leurs études physiologiques n'ont pas craint de dire que le Sarrazin ne convient nullement à l'homme sous quelque forme que ce soit. Ils vont même plus loin, puisqu'ils l'accusent d'occasionner à ceux qui en font usage « un défaut d'in- « telligence presque absolu, une lenteur singu- « lière dans les déterminations et les mouvements. « Les hommes, ajoute Cabanis [1], sont d'autant « plus stupides et plus inertes qu'ils vivent plus ex- « clusivement de cet aliment. » Si ces savants eussent vu comme moi l'élan patriotique de nos braves Vosgiens au moment des grands dangers de la France régénérée en 1792 et leur noble dévouement durant la double et fatale invasion de 1815, s'ils eussent comme moi parcouru leurs montagnes des journées entières et le soir trouvé sous le chaume l'hospitalité la plus cordiale et la plus empressée, s'ils eussent comme moi rompu le pain noir, le pain de Sarrazin, avec ces hommes simples et francs, au sein de ces familles joyeuses et bien portantes, jamais ils n'eussent ainsi blasphémé. C'est sans aucun doute par suite d'aussi fausses assertions et sur de semblables exagérations que Sully voulut un moment proscrire le Sarrazin de nos cultures, mais en y réfléchissant il

[1] *Rapports du physique et du moral de l'homme,* VIIIe Mémoire, § II ; tome II, page 57.

reconnut bientôt qu'une semblable mesure était impolitique et vexatoire. Ce n'est point, en effet, par la voie des proscriptions qu'on combat des habitudes fâcheuses; la tyrannie enfante les révolutions, dont il n'est pas toujours possible de calculer les suites : sont-elles salutaires pour le peuple, elles deviennent fatales pour ceux qui les ont provoquées. Quand une erreur est généralement adoptée, il faut chercher si l'on ne peut pas lui donner une direction utile en s'en emparant, en la tournant, et en lui imprimant d'une manière adroite une tendance nouvelle.

Beaucoup de cultivateurs unissent ensemble, et par portions égales, la graine du Sarrazin et celle de l'Avoine pour les administrer aux chevaux et aux bêtes de travail : ce mélange les entretient en bon état. Destinée aux oiseaux de basse-cour, il est à propos de la faire bouillir pour la gonfler et briser légèrement son enveloppe. Elle excite les poules à pondre, elle les engraisse et donne à leur chair quelque chose de fin et de plus savoureux que toute autre nourriture.

Emploi du Sarrazin comme fourrage. — Aujourd'hui nous pouvons sans crainte dire que le meilleur emploi du Sarrazin est comme plante fourragère. Sous ce rapport, en effet, l'abondance, la rusticité, le bas prix de sa graine et la promptitude de sa végétation lui méritent une préférence marquée dans les assolements bien entendus. Donné en vert et coupé jour par jour à raison du besoin, il est avidement recherché par tous les bestiaux ; sec, il se conserve très-bien, quoiqu'on l'accuse assez généralement de tomber en poussière au bout de quelques mois, ce qui est faux; mêlé à du Maïz, à de l'Avoine, à des Pois, à de la Vesce, et servant de base à cette dragée, on obtient des coupes superbes, un fourrage excellent qui nourrit très-bien le cheval, engraisse les bœufs, fournit aux vaches beaucoup de lait, tout en en rehaussant la qualité. Pour avoir cette dragée toujours fraîche, toujours succulente, on sème, de quinzaine en quinzaine, depuis le mois de mars jusqu'en septembre. Si les premières semailles ne réussissent pas, on est amplement dédommagé par le produit de celles qui suivent. La terre se trouve en bon état après la coupe; les éteules lui servent, en outre, d'engrais.

Maladies attribuées au Sarrazin. — S'il faut en croire quelques observateurs, les bêtes à laine que l'on met à pâturer sur un champ de Sarrazin, lorsque cette plante cesse de fleurir et commence à grainer, sont exposées à une affection éruptive qui se manifeste par un gonflement ou tuméfaction des oreilles, de la peau, de la face et du pourtour du col. Cette tuméfaction est accompagnée de rougeur; le pouls est accéléré et l'artère tendue; il y a, de plus, roideur alarmante des membres et une sorte d'ivresse. Souvent il se développe sous la ganache une tumeur arrondie, rénitente, de la grosseur d'une pomme ordinaire et qui peut acquérir un volume beaucoup plus considérable. Bientôt après les joues et les commissures des lèvres se couvrent de boutons d'un aspect particulier, qui souvent échappent à l'œil. Ceux de la face sont arrondis et atteignent au plus la grosseur d'une Gesse-à-deux-fleurs, *Lathyrus odoratus*; ceux des lèvres, peu nombreux, lenticulaires, se montrent recouverts d'une pellicule de couleur capucine. Leur apparition sollicite un prurit très-vif; plus la démangeaison augmente plus les animaux cherchent à se frotter avec force les uns contre les autres : il se fait alors une desquamation abondante de plaques furfuracées. Dès que les engorgements diminuent les narines laissent échapper un écoulement muqueux de peu de durée; quelques bêtes toussent, mais ces divers symptômes cessent enfin. La maladie, du reste, n'est point contagieuse.

J'ai dû rapporter cette dénonciation dans tous les détails qui me sont fournis, pour mieux démontrer l'impossibilité de semblables effets produits par une plante que les animaux ne rechercheraient pas avec autant d'avidité qu'ils le font, l'instinct étant là pour les prémunir. Je ne nie point la maladie, mais je nie la cause à laquelle on l'attribue. Il faut la chercher ailleurs. Ce qui me le prouve, c'est la croyance populaire, principalement en Allemagne et en Danemarck, que les cochons qui pâturent en automne dans les champs où l'on a recuilli du Sarrazin sont sujets à de violentes douleurs aux oreilles, surtout ceux dont le pelage est blanc : ceux à soies noires n'y étant point exposés, ajoute-t-on.

Peut-être serait-il plus raisonnable d'attribuer

ces diverses affections à la présence d'une larve d'Oestre ou de tout autre insecte qui se logerait sur les joues, les lèvres, les oreilles et autres parties où la peau est plus tendre et plus à nu, plutôt qu'au Sarrazin, ou même qu'à l'électricité, comme le font quelques auteurs?

Thaer se range de ce dernier avis, et il rapporte à ce sujet une observation qu'il recueillit en Prusse. La voici : « Les chevaux auxquels, dit-il, « on administre de la graine ou du fourrage de « Sarrazin suent facilement et beaucoup quand « le temps est très-serein; si l'on passe la main « sur le corps de l'animal, surtout à contre-poil, « on en tire une multitude de fortes étincelles : « ce phénomène n'a lieu que pour les chevaux à « robe noire ou d'un brun foncé, et nullement « pour les chevaux blancs et d'une couleur claire. » L'une et l'autre remarque me paraissent maladroitement attribuées au Sarrazin. Quant au fluide subtil qui s'échappe du poil des chevaux on l'obtient en diverses circonstances, mais il est absolument étranger au végétal que nous étudions.

POTASSE ET TEINTURE OBTENUES DU SARRAZIN. — La plante entière, brûlée et lessivée, fournit une grande quantité de potasse. Elle en contient de 20 à 30 pour 100, comme le prouvent les expériences de Vauquelin. Des feuilles du Sarrazin le teinturier retire diverses nuances qui lui sont utiles; sa paille donne une couleur bleue solide qui s'imprime volontiers sur les étoffes.

QUALITÉ DU MIEL RECUEILLI SUR LE SARRAZIN. --

On ne peut pas douter du plaisir que les abeilles trouvent à butiner sur les bouquets du Sarrazin ; elles se jettent avec empressement sur les champs qui en sont couverts, et, comme les fleurs se développent successivement presque jusqu'aux gelées, il leur est agréable et précieux d'en trouver au voisinage du rucher. Le miel qu'elles donnent est très-coloré, fort abondant, de bonne qualité, et la cire qui l'enserre dans ses rayons est très-facile à blanchir. Je me suis assuré depuis peu que, lorsqu'il est défectueux, d'un goût âcre et d'une odeur peu attrayante, tandis que la cire est fort belle, c'est que ceux qui sont chargés de le récolter le font avec beaucoup de maladresse, et surtout avec beaucoup de malpropreté. Tout bon miel dénonce les soins apportés à sa préparation et atteste qu'il est sans mélange de couvain. On attribue la beauté du miel du Gâtinais à la présence autour des ruches d'une égale quantité de tiges de bruyères cendrées, *Erica cinerea*, et de Sarrazin ; dans les départements du Calvados, d'Ille-et-Vilaine, et divers autres situés à l'ouest, pour joindre à la plus grande limpidité de ce produit le goût le plus exquis, on unit ensemble le Sarrazin et le Sainfoin.

AUTRE ESPÈCE DE SARRAZIN. — Sous les noms de *Blé noir de Sibérie* et de *Blé-Martin*, à cause de l'agronome qui le préconisait en 1782 et le plaçait au-dessus de l'espèce dont nous venons de parler, on connaît une autre espèce de Sarrazin originaire des pays montagneux et froids : c'est le Sarrazin de Tartarie, *Polygonum tataricum*. Il réunit à toutes les propriétés de l'espèce commune l'avantage de résister aux gelées les plus longues ; mais il a l'inconvénient grave, pour tout cultivateur soigneux de la propreté de ses terres, de se reproduire sans cesse malgré des labours réitérés, et par conséquent d'empêcher de semer du froment l'année suivante. Il a donné une double récolte dans les départements des Côtes-du-Nord et de l'Isère. On m'assure que l'on peut manger ses feuilles cuites, qu'en cet état elles se rapprochent beaucoup de nos épinards, et qu'il fournit de très-abondantes récoltes de graines. Il est fâcheux que l'on n'ait pas suivi sa culture ; je n'ai pas eu l'occasion de l'expérimenter. Thaer en fait peu de cas.

Des Plantes réputées inutiles ou nuisibles et moyens d'en faire profiter l'agriculture.

On est convenu d'appeler *inutiles* et même de qualifier de *nuisibles* tous les végétaux qui croissent spontanément au milieu des terres que nous cultivons. Leur présence, il est vrai, déshonore en même temps qu'elle épuise le sol labouré, fumé, préparé pour recevoir nos semis. Ces végétaux sont fort nombreux, ils s'insinuent partout ; un peu de culture favorise leur développement, et une fois qu'ils sont maîtres d'un champ on parvient difficilement à les extirper. Rien ne détermine plus vite leur usurpation que le misérable système triennal. Je sais bien qu'ils sont aidés par l'air, l'eau, la terre et les animaux, véhicules permanents auxquels il est difficile, pour ne point dire impossible, de s'opposer; mais la routine et la paresse, en ne multipliant pas sur le sol destiné à nos besoins les labours, les hersages et les binages, en ne purgeant pas exactement les graines que l'on sème, en transportant sur les champs des fumiers peu ou point fermentés, ajoutent deux fléaux de plus à la grande comme à la petite culture.

De toutes ces plantes adventives aucune n'est plus désastreuse que le Chiendent, *Triticum repens*. Il se multiplie plus rapidement encore par ses racines et ses drageons que par ses semences. Si vous ne l'extirpez point en brûlant tous les débris que la charrue ramène à la surface, il reparaîtra toujours. Il est semblable au polype, dont les plus petits fragments suffisent pour donner existence à de nouveaux individus.

Les plus communes ensuite sont les suivantes : dans les sols profonds, frais et substantiels, l'Avoine à chapelet, *Avena precatoria*; l'Avron, *Avena fatua*; dans les terres calcaires légères, le Tabouret des champs, *Thlaspi arvense*; dans les terres argileuses, la Stachide des Moissons, *Stachis arvensis*, qui se garnit en août de verticilles composés de six fleurs aux corolles blanches ou carnées avec quelques taches pourpres; sur les terres argilo-calcaires et fortes, des quantités prodigieuses de petites Campanules, *Campanula speculum*, et de gais Bluets ou Barbeaux, *Centaurea cyanus*; partout où la silice domine, la Renouée des oiseaux, *Polygonum aviculare*; dans les terres mixtes, le Grémil commun, *Lithospermum arvense*, aux fruits très-durs, d'un très-beau gris luisant qui lui méritent le surnom de *Herbe aux perles*; le Grateron, *Galium aparine*, dont on a recommandé fort maladroitement les graines torrifiées comme succédanées du Café; la Scabieuse des champs, *Scabiosa arvensis*, à la tête fleurie aimée des abeilles; le Liseron vrillet, *Convolvulus arvensis*; la Persicaire, *Polygonum persicaria*; l'Aiguille ou peigne de Vénus, *Scandix pecten*; l'Argentine, *Potentilla argentina*, qui a longtemps joui du privilége de fournir son eau distillée comme puissant cosmétique aux femmes jalouses de se montrer toujours belles et toujours fraîches; la Parelle, *Rumex aquaticus*; la Prèle queue de cheval, *Equisetum arvense*; le Pas-d'âne, *Tussilago farfara*; l'Herbe aux mille feuilles, *Achillea mille folium*; la Renoncule prêtre, *Ranunculus sceleratus*; la Vipérine, *Echium vulgare*; la Vesce à bouquets, *Vicia cracca*; l'Oreille de souris, *Myosotis scorpioides*, et surtout la Cuscute goutte de lin, *Cuscuta europœa*, et les Orobanches, *Orobanche major* et *O. ramosa*, etc., la plupart de ces végétaux résistent aux plus grandes sécheresses, et apportent des désordres plus ou moins graves dans l'économie animale quand leurs graines se mêlent à la nourriture de l'homme et des bestiaux.

En effet, les semences très-nombreuses de l'Hyacinthe chevelu, *Hyacinthus comosus*, et de la Nielle aux si belles fleurs, *Nigella arvensis*, communiquent au pain leur amertume, je devrais dire une insupportable âcreté. Celles de l'Ivraie giole,

Lolium temulentum, mêlées au froment nouveau, causent l'ivresse, des nausées, des vomissements, la torpeur, et parfois des convulsions mortelles. Le Blé de vache, *Melampyrum arvense*, délabre l'estomac et imprime au pain une teinte rouge sale. Le Coquelicot, *Papaver rheas*, et le Sénevé fausse-moutarde, *Sinapis arvensis*, broutés par les animaux de la ferme, les exposent à des météorisations toujours fâcheuses. Les touffes de l'Hièble ou petit Sureau, *Sambucus ebulus*, et de la Matricaire, *Matricaria chamomilla*, mêlées à la paille et aux fourrages, répandent sur eux une odeur rebutante; de leur côté, le Chardon des ânes, *Serratula arvensis* et l'Arrête-bœuf, *Ononis spinosa*, les rendent dangereux par les épines dont ils sont garnis, etc.

De semblables propriétés réclament nécessairement la destruction de ces plantes, surtout des dernières : mais quels moyens avons-nous pour arriver promptement et avec certitude à ce but? Il est, je le répète, presque impossible de s'opposer à l'action de l'atmosphère, qui charrie perpétuellement les germes des plantes à aigrettes, ou chez qui les semences sont pourvues d'ailes ou appendices auxquels on est convenu de donner ce nom [1]; à la germination des végétaux, que les pluies d'orage, les inondations, les trombes, etc., déposent sur nos cultures, et à celles des Crucifères, dont les graines oléagineuses et de forme sphérique de-

---

[1] Ces appendices ne sont, en effet, que des prolongements amincis de la tunique de certaines semences, comme en présentent celles des Pins, des Platanes, etc.

meurent longtemps en terre avant de se développer. On ne peut, dès que la plantule se laisse aper-
cevoir, que les combattre par des labours répétés
plus ou moins profonds et faits à propos, ainsi que
par des hersages croisés, par l'emploi du rateau,
de la houe, de la binette ou de l'extirpateur.

Les labours, en changeant, en multipliant les
surfaces à des époques différentes, à des intervalles plus ou moins rapprochés, s'ils contribuent,
d'une part, à mettre dans des circonstances favorables un certain nombre de ces plantes nuisibles,
de l'autre ils détruisent les germes de beaucoup
d'entre elles en les exposant, en temps inopportun,
aux effets de la chaleur, du grand air et de l'humidité, à l'œil perçant des oiseaux, avides de semblable nourriture, et, si elles leur échappent, en les
privant de la profondeur et de l'obcurité dont elles
ont besoin. Les hersages faits avec des herses pe-
santes, munies de dents en fer, longues, serrées
et bien pointues, arrachent les racines traçantes,
articulées et vermiculaires, qui s'étendent horizontalement et se propagent de drageons ou de
boutures. A l'aide de rateaux on réunit ces racines
et autres débris; on les amoncèle, non pas sur les
lisières des champs, sur les chemins, ou dans les
sentiers voisins, comme cela se pratique d'ordinaire, mais dans une fosse ouverte exprès, où les
uns les laissent pourrir après les avoir simplement
incorporés avec de la terre, les autres les mélan-
gent avec de la chaux. En suivant la coutume on
ne fait que déplacer un instant le mal; bientôt les

plantes, les graines, les racines accumulées se raniment sous l'influence de la fraîcheur des nuits et de l'humidité que la rosée verse sur elles, on les voit rentrer dans le champ, poussées par les vents, portées par les pieds de l'homme et des animaux, ou seulement par la seule puissance de leur élasticité, tandis que par l'ouverture de la fosse indiquée on les oblige à se convertir en un terreau précieux.

On donne à la fosse 13 décimètres au moins de profondeur sur 1 mètre de large, et une longueur équivalente à la masse de débris rassemblés. On jette au fond de la fosse une couche épaisse de 16 centimètres de terre bien remuée; puis on place sur elle un lit, double en épaisseur, de ces plantes encore fraîches; et l'on continue de la sorte jusqu'à ce que la dernière couche de débris soit ensevelie sous 16 centimèttes de terre remuée, mais de manière à ne pas dépasser le niveau du sol. On arrose chaque double lit d'une eau de fumier ou d'une eau de chaux étendue. Bientôt il s'établit une fermentation considérable et très-active. Après trois semaines la chaleur y est si vive qu'on a peine à y supporter la main ; les graines se consument, les tiges, les feuilles et les racines se pourrissent, la terre s'imprègne des sucs huileux et onctueux renfermés dans ces diverses parties du végétal, et, après plusieurs mois, on retire de la fosse un engrais excellent, très-bien élaboré, portant avec soi les principes de l'abondance, que l'on enterre par un fort labour.

L'écobuage est encore un moyen de destruction pour les plantes adventives, mais il faut l'employer seulement pour les glaises, les marnes, les prés humides et sur les fonds marécageux, les sols raides et froids; les terres tourbeuses et celles qui sont remplies de fibres végétales mortes et de racines ligneuses, de même que les mauvais pâturages dont le sol est calcaire, les vieilles luzernières, les prairies couvertes de mousse supportent aussi très-volontiers l'emploi du feu. Là véritablement il convertit en engrais la partie végétale inutile, ailleurs il détruirait les molécules qui constituent la force d'agrégation.

Je connais des cultivateurs qui s'en remettent aux hivers pour détruire toutes les mauvaises herbes. Ils ignorent donc 1° qu'aucun organe végétal ne se déchire sous l'influence d'un froid, même rigoureux, que lorsque les utricules du tissu cellulaire cèdent à l'action de la sève sollicitée par une température élevée hors de saison; 2° les plantes à racines vivaces, en descendant profondément sous le sol, sont à l'abri des ravages du froid; 3° les plantes aromatiques, qui, naissant en automne ou durant l'hiver, ont leurs feuilles imprégnées d'une huile essentielle susceptible de neutraliser les effets du froid le plus intense (il m'a semblé même qu'au lieu de leur nuire il leur imprimait une plus grande puissance végétative); 4° les plantes les plus tardives à se développer, parcourant en fort peu de temps toutes les phases de la végétation, n'ont rien à redouter de lui. Le froid ne pénètre

réellement que les terres fortement remuées par
des labours et des engrais : il y entraîne la ruine
totale des végétaux qui se montraient peu de
jours, peu d'heures auparavant si brillantes de
jeunesse, d'une vigueur remarquable, j'allais dire
d'une luxuriance propre à devoir tout braver. Sur
les terres plus compactes, où l'eau de pluie ne pénètre que lentement et ne dépasse pas quelques
millimètres, les plantes de bonne et de mauvaise
nature supportent les rigueurs du froid sans en
éprouver la moindre altération sensible.

La culture de la Luzerne, du Sarrazin, du
Trèfle, du Sainfoin et de toute autre plante très-
touffue, est un puissant moyen de ruiner avec certitude les plantes adventives : les deux secondes
opèrent plus lentement que les deux premières.
La Pomme-de-terre, les Fèves, les Navets, les To-
pinambours, etc., qui réclament de fréquents binages, les détruisent aussi. La conversion d'une
terre arable en prairie, l'emploi des amendements
calcaires et des engrais très-actifs, le parcage des
porcs sont de même une voie certaine pour en
arrêter la propagation.

Nous avons vu plus haut ce que l'on peut demander d'utile aux Orties, plus tard nous dirons la même chose de la Ronce, de l'Ajonc, de
la Bruyère et des autres plantes ligneuses : nous
montrerons ainsi qu'avec de l'intelligence il est
possible de tirer parti des objets les plus négligés,
et par conséquent d'augmenter d'autant les ressources d'une ferme bien organisée.

Examen des signes découverts par M. Guénon pour reconnaître les meilleures Vaches laitières.

Ainsi que je l'ai promis plus haut, pages 49 à 51, j'ai dû attendre la publication de l'ouvrage de M. François Guénon, cultivateur à Libourne [1], pour rendre un compte exact de la méthode au moyen de laquelle il prétend faire connaître, à la simple inspection de l'animal, quelle quantité de lait une vache quelconque peut donner par jour, quelle est la qualité de ce lait et combien de temps il la conservera pendant la gestation nouvelle. J'ai acheté sa brochure afin de l'étudier mûrement et n'avoir aucun secret à garder.

Dans l'origine de l'annonce il ne s'agissait que des vaches laitières; maintenant la découverte-Guénon s'applique aux veaux les plus jeunes dont on veut à l'avance savoir les qualités et les défauts qu'ils auront à l'âge adulte, ainsi qu'aux taureaux en ce qui a rapport aux caractères de leurs produits.

Voici la théorie de l'auteur : Les vaches se distinguent entre elles en huit classes, ayant chacune huit sections (que l'auteur appelle abusivement *ordres*) avec trois degrés de proportion (page 49). Chaque classe fournit une certaine quantité de lait relative à la section et au degré de proportion

[1] *Traité des Vaches laitières.* Brochure in-8° de 115 pages et 10 planches lithographiées. Bordeaux, 1839. Prix : **10 fr.**, et 11 fr. par la poste.

(page 50). Pour être bien faites les vaches doivent avoir la taille proportionnée à la grosseur, le poil court, la croupe bien prise, la tête courte et carrée, les yeux gros, le pis peu allongé, rond et couvert d'un petit duvet. En général, celles qui ont quatre mamelons égaux sont les meilleures; cependant, celles qui en ont six, dont quatre égaux et deux autres moins longs, qui ne fournissent d'ordinaire point de lait, sont aussi très-bonnes laitières et très-abondantes. Les vaches des classes inférieures ont souvent quatre mamelles et un mamelon; les premières sont presque toujours inégales, leur pis souvent couvert d'un poil gros et clair (page 40).

Chaque classe a un écusson placé à la partie inférieure du dos (page 50) et différencié par le poil; une partie s'élance du milieu des quatre mamelons comme centre et s'étend sous le ventre, dans la direction du nombril; l'autre partie s'élève un peu au-dessus des jarrets, et, débordant sur les cuisses, remonte par derrière et se prolonge jusqu'à la vulve dans certaines classes. Les épis formés par le contre-poil à droite et à gauche de cet organe ont leur propriété; ils correspondent au sac ou réservoir du lait placé dans l'intérieur du corps; ce sac est toujours dans un rapport admirable avec les épis (page 41). Quand l'écusson est grand, le réservoir du lait est grand, et par conséquent le produit qu'on en obtient est abondant; l'écusson est-il petit, le réservoir l'est de même et son produit inférieur (*ibid*). Selon la longueur et la largeur des épis, qui sont inégaux, on a des vaches franches ou bâtardes dans chaque classe, dans chaque section (p. 41); et sous la dénomination de *bâtardes* l'auteur entend parler de vaches qui ne donnent du lait qu'autant qu'elles ne sont pas appelées à une nouvelle gestation (page 51).

Si les épis sont trop larges, ils chassent le lait et le font perdre du moment que la vache est pleine de nouveau, et plus ou moins rapidement dans la proportion de leur largeur. Les épis les plus longs sont ceux qui indiquent une fuite plus prompte du lait; les épis les plus fins, formés d'un poil court et soyeux, sont les meilleurs : les épis d'un poil gros et hérissé, les plus mauvais; ils annoncent une très-grande fuite du lait et même la présence d'un lait séreux (page 41).

Les huit classes ont reçu des noms particuliers, auxquels M. Guénon donne une valeur arbitraire, sans étymologie positive ni combinaisons scientifiques (page 54); pour lui le nom n'est rien, la chose est tout (page 84); nommons-les, et disons leurs signes significatifs.

1. *Vaches flandrines.* — Ces vaches sont les plus productives et les plus abondantes en lait. Chez elles le pis est fin, couvert d'un petit duvet qui remonte, à partir du milieu des quatre mamelons, dans toute l'étendue postérieure du pis, prenant en dedans et au-dessus des deux jarrets et des cuisses et débordant à droite et à gauche. Au-dessus des mamelons de derrière elles ont en outre deux petits ovales formés par le poil descendant.

La couleur du poil est plus vive dans celui qui monte que dans celui qui descend. L'intérieur et le fond des cuisses, jusqu'à la vulve, sont d'une couleur jaunâtre parsemée de plusieurs taches noires; le son qui s'en détache est de la même couleur et pulvérulent (pages 41 et 55). Les individus de haute taille pèsent de 245 à 294 kilogrammes, et donnent 20 litres de lait par jour jusqu'à l'époque d'une nouvelle gestation; ceux de moyenne taille pèsent de 147 à 196 kilogrammes et donnent 16 litres par jour jusqu'au huitième mois de plénitude; ceux de basse taille pèsent de 49 à 98 kilogrammes et fournissent régulièrement 12 litres par jour jusqu'à la même époque (pages 41, 54, 58 et 60).

II. *Vaches à lisière.* — Chez elles l'écusson est marqué par un poil montant en forme de lisière (l'auteur a voulu dire *lanière*) qui s'élève verticalement et se termine à la vulve sans aucune interruption de poil descendant; le pis est fin, couvert d'un petit duvet; l'écusson, de couleur jaunâtre, part du milieu des quatre mamelles, s'étend en dedans des cuisses, monte en débordant vers leur extrémité, et arrive verticalement à la vulve, où il se termine par une largeur de 4 centimètres. Les vaches de haute taille de cette classe donnent 18 litres de lait par jour et le maintiennent dans cette quantité jusqu'à ce qu'elles soient pleines de huit mois; celles de moyenne taille, 14 litres par jour et durant le même espace de temps; celles de basse taille, 10 litres par jour, également jusqu'au huitième mois d'une nouvelle gestation (pages 63, 67 et 68).

III. *Vaches courbe-lignes.* — Classe très-abondante offrant un écusson, imitant le lozange, formé par une ligne courbe qui part de droite et de gauche, et se réunit, en montant près de la vulve, à une distance de 2 centimètres d'intervalle. Ici les vaches ont encore la même finesse du pis, la même couleur de l'écusson et les deux petits ovales de poil descendant comme dans les deux précédentes classes. Les individus de haute taille donnent de 18 à 3 litres par jour jusqu'au huitième mois de plénitude; ceux de la moyenne taille de 15 à 2 litres par jour dans le même espace, et ceux de basse taille de 12 à 2 litres par jour (pages 70, 73 et 74).

IV. *Vaches bicornes.* — Ainsi nommées parce qu'elles portent dans la forme de l'écusson deux cornes par le haut et deux petites lignes à droite et à gauche de la vulve. Le son qui se détache de la peau est d'une couleur rougeâtre; il est jaunâtre dans toute la partie de l'écusson formée par le contre-poil. Les vaches bicornes offrent aussi les deux petits ovales des classes précédentes; celles de haute taille donnent dans leur force de lait 16 litres par jour, et seulement 3 lorsqu'elles sont pleines de nouveau; celles de moyenne taille 14, et moins de 3 litres par jour dès qu'elles sont pleines; enfin celles de basse taille, 11 litres par jour, moins de 2, et même elles tarissent entièrement avec une nouvelle gestation (pages 77, 84 et 82).

V. *Vaches poitevines* ou *pot-de-vin*, à cause de l'espèce de dame-jeanne ou de pot-de-vin qu'affecte l'écusson, lequel est de la couleur des premières sections des quatre précédentes classes; il se termine carrément à 1 décimètre de la vulve. Au-dessus des mamelles de derrière il y a deux ovales formés d'un poil descendant; plus, à droite et à gauche de la vulve, deux petites bandes de poil montant, court, fin, très-distinct du poil descendant. L'écusson s'abaisse de plus en plus à raison que l'on descend l'échelle des sections, les ovales disparaissent, le poil des deux bandes vulvaires se hérisse et constate une dégénération. Les individus de haute taille fournissent de 16 à 3 litres par jour; ceux de la moyenne, 14, et moins de 3; ceux de la basse, 10, et 1 seul par jour (pages 84, 88 et 89).

VI. *Vaches équerrines.*—Ce nom indique la forme de l'écusson dans la partie qui se rapproche de la vulve; plus l'équerre est voisin de cet organe, plus la vache est grande laitière; plus la branche de l'équerre s'en éloigne, plus le poil est hérissé et moins l'animal fournit de lait. Les ovales sont petits, de couleur blanchâtre, et s'effacent à mesure que l'on se rapproche de la dernière section. Les vaches de haute taille donnent de 16 à 2 litres par jour, les moyennes 12, et moins de 2 litres, les basses de 9 à moins de 1 litre après qu'elles sont pleines (pages 91, 92, 94 et 95).

VII. *Vaches limousines.* — L'écusson est terminé en pointe aiguë vers la vulve; et de même couleur

que sur les précédents. A droite et à gauche de
l'organe de la parturition on voit 2 lignes de 7 centimètres de long sur 1 de large, et au-dessus des
mamelles de derrière deux ovales de poil blanc
descendant dans celui qui remonte. Les vaches de
haute taille donnent de 14 à 2 litres par jour; les
moyennes de 11 à 2, et les basses de 8 à 1 par jour.
Leur pis est fin, couvert d'un poil court et soyeux
(pages 98, 101 et 102).

VIII. *Vaches carrésines.* — Leur écusson présente
à peu près l'aspect d'un carré par le haut; le son
qui en tombe est d'une couleur rouge et jaunâtre,
se détachant de la peau sous forme de poussière.
Le poil de l'écusson est court et fin, la peau sati-
née; les 2 lignes près de la vulve sont chargées
d'un petit poil blanchâtre, ainsi que celui des
deux ovales; les quatre mamelles sont bien écartées. Les vaches de haute taille donnent, dans le
moment d'abondance, 12 litres par jour, et finissent par 2 litres; celles de moyenne taille, 9 à 2,
et celles de basse taille, 6, et moins de 1 (pages 105,
109 et 110).

Toute vache chez qui l'écusson est formé du
poil le plus fin est de la plus haute qualité, surtout si elle a, depuis le dedans des cuisses jusqu'à
la vulve, la peau de couleur jaunâtre et si le son
qui s'en détache est de la même couleur (page 41).
Les individus sur qui ces marques s'étendent jusqu'au panache du bout de la queue et d'où tombe
une poussière jaune donnent un lait très-gras et
butireux, quelque quantité qu'ils puissent en

fournir chaque jour et à quelque classe ou section qu'ils appartiennent (p. 41). Toutes les vaches dont la peau est unie et blanche, le pis couvert d'un poil clair et le contre-poil des épis de l'écusson allongé, donneront toujours un lait séreux et maigre. Celles dont le pis est couvert d'un poil court et fourré qui se retrouve dans les épis du contre-poil de l'écusson fourniront un lait gras et bon (page 42). Les vaches qui sont dans de bons pâturages auront plus de lait, proportionnellement à leur classe et à leur section, que celles qui sont dans des pacages maigres et aquatiques, à moins que celles-ci n'aient dans l'étable une nourriture plus choisie, plus abondante, meilleure enfin que celle que la bête paît elle-même dehors (page 46). Les vaches qui mettront bas dans la belle saison, au printemps par exemple, donneront plus de lait que celles qui mettront bas pendant l'hiver (*ibid*), etc., etc.

Ces caractères sont faciles à saisir, dit-on : cependant, selon qu'ils sont plus ou moins étendus ou réguliers dans les huit classes, je trouve huit sections pour chacune, et par conséquent soixante-quatre divisions, dont le nombre total s'élève à cent quatre-vingt-douze, si je les étudie dans les trois degrés que détermine la taille des vaches. Mais ce n'est pas tout encore, il me faut de plus apprendre à distinguer les vaches que l'auteur appelle *bâtardes*, et les variations que les écussons éprouvent quand le croisement des classes améliore ou dégénère la couleur, la taille et le produit. Pour peu

qu'on réfléchisse à toutes les connaissances acquises jusqu'à présent en physiologie et en hygiène, il est impossible d'admettre des règles aussi
rigoureuses, des formules aussi tranchées que
celles établies par M. Guénon. Les problèmes les
plus simples en apparence se compliquent singulièrement dans l'application, et plus encore quand
les exceptions sont nombreuses et variables sur
chaque individu. La pratique attentive peut procurer à l'œil une certaine perspicacité plus ou
moins profonde, elle peut bien lui faire découvrir
des moyens d'appréciations que la routine est
loin de connaître, mais quand il faut les traduire
en certitude, quand la science est appelée à juger
les moyens que la pratique révèle, il faut qu'ils
aient une signification positive, qu'ils soient sai-
sissables sur toutes les faces, qu'ils soient inévitablement toujours les mêmes, qu'ils répondent
sans détour, sans exception aucune aux exigences
de l'investigateur. Eh bien ! c'est précisément là
l'écueil où M. Guénon est venu voir échouer sa
gondole si bien pavoisée.

Les expériences faites à Bordeaux, à Aurillac et
à Rozoy, qui vantent si fort sa méthode, sont loin
d'être régulières et satisfaisantes; celles répétées
à Alfort, Rambouillet et Grignon, ainsi que celles
faites par moi sur plusieurs grands troupeaux de vaches estimées bonnes laitières, ont dépouillé leur
pompeuse annonce d'une grande partie des certi-
tudes qu'elle promettait; et lorsque les divers signes
que nous avons textuellement rapportés ont été sou-

mis au grand jour par de rigoureux scrutateurs, ils ont subi des modifications si tristes que, sur 174 épreuves, M. Guénon s'est trompé 152 fois plus ou moins grossièrement, aussi bien après le vêlage qu'au moment même d'une parturition régulière. Le hasard seul, et non pas les règles par lui établies, l'a fait deviner juste 22 fois seulement. Ceux qui soutiennent le contraire sont séduits par les prestiges de la nouveauté; quand ils ouvriront les yeux ils rougiront de leur aveuglement.

Le système proposé par le cultivateur libournais peut renfermer une idée heureuse, celle sur laquelle il s'appuie est nouvelle, mais le secret qu'elle cache est encore à trouver : nous appelons l'attention des cultivateurs sur ce point. Car, pour nous, jusque aujourd'hui, telles qu'elles sont exposées dans la brochure placée sous nos yeux, les connaissances que promet la prétendue découverte s'évanouissent devant les caractères indélébiles de la conformation générale et normale; elles sont sans valeur, mises en regard de l'influence exercée par la nature du régime alimentaire et hygiénique, par l'action non moins puissante d'une présence continuelle à l'étable ou d'une pâture prise en plein air. Ajoutons encore cette autre considération, à laquelle M. Guénon ne s'arrête nullement, qu'une vache que l'on trait trois fois par jour donne plus de lait que celle à qui l'on n'en demande que deux fois; que la stabulation complète diminue notablement la quantité du lait, tandis que cette quantité augmente d'une manière fort sensible dès la première sortie des vaches aux belles journées du printemps.

Que dirai-je maintenant de la qualité que l'auteur de la brochure et les rapporteurs des trois Sociétés agricoles de Bordeaux, Aurillac et Rozoy prétendent être signalée par les écussons indiqués? Ils ne m'apprennent nullement pourquoi le lait des vaches nourries habituellement à l'étable est toujours enclin à l'acidité, quand celui des vaches qui paissent sur les chaumes de nos Vosges et en plein air est alcalin; pourquoi le premier est rejeté par les enfants auxquels on le donne, quand le second est facilement digéré par leur estomac. Ils ne me préviennent point non plus (ce qui serait très-important) de cette altération spéciale connue sous le nom de *lait bleu*, qui paraît organique, congéniale, incurable, et peut-être même héréditaire. Il doit cependant y avoir quelque signe extérieur qui traduise ces diverses dispositions, la dernière surtout.

Un seul mot sur l'application des signes aux taurillons. A quelque classe qu'ils se rapportent la forme de leur marque est à peu de chose près la même que celle des vaches. Quand l'écusson est plus resserré dans toutes ses parties, quand il y a des interstices de poil montant remplis par du poil descendant à rebours dans celui qui remonte, le taurillon est bâtard (page 111); plus ces lignes sont grandes, plus il y a chez lui dégénération (p. 112). Malheureusement, dans ses expériences M. Guénon a toujours placé les taurillons au-dessous des génisses. Il n'est cependant pas probable, comme on le lui a observé, que les mâles dégénèrent quand les femelles conservent leurs qualités; il est, au contraire, de fait acquis que les différences, quand elles existent, sont plutôt en faveur des premiers que des secondes.

Ainsi, malgré les vingt-cinq années de travaux toujours assidus, pénibles et souvent très-dispendieux employées par M. Guénon à son importante étude (page 42), nous sommes condamnés à recourir aux signes que Parmentier a si bien discutés pour reconnaître si une vache est bonne laitière [1]. Si l'on juge notre sentiment trop sévère, nous ferons observer qu'il nous est dicté, non par la haine ou la jalousie, ces passions honteuses nous sont entièrement étrangères, mais par le besoin de prévenir des déceptions toujours pénibles et pour l'auteur d'une découverte vraie ou fausse et pour celui qui cherche à s'instruire. Nous avons laissé M. Guénon exposer lui-même sa théorie : l'expérience nous a prouvé qu'il se trompait, il nous a fallu le déclarer pour remplir notre honorable mission.

Il nous reste à dire, en finissant, que les lithographies attachées à l'ouvrage de M. Guénon sont tellement mauvaises, si pitoyablement dessinées, qu'on les croirait une véritable mystification, si l'on n'était point rassuré par la bonne foi de celui qui les livre, il est vrai, à un prix exhorbitant.

[1] *Voyez*, plus haut, page 30, et notre *Manuel du Cultivateur français*, tome II, pages 81 à 83.

NOUVELLES AGRONOMIQUES.

—

Une colonie agricole vient d'être fondée dans une ferme dépendante de la commune de Mettray, près de Tours (Indre-et-Loire). Elle est destinée aux jeunes détenus que leur peu de discernement fait acquitter par les tribunaux, devant lesquels un ou plusieurs actes criminels les amènent, mais qui n'en sont pas moins assujettis à un emprisonnement plus ou moins long, dans l'intérêt même de leur avenir aussi bien que dans l'intérêt de la société. Cette colonie est le fruit des vues philantropiques d'une association particulière, jalouse d'arracher à l'école de la corruption et de soumettre à une discipline réformatrice des enfants perdus auxquels elle va donner une vie nouvelle, ouvrir une carrière honorable en employant leurs forces aux travaux de la campagne.

—

Dans la vue d'avancer la maturité des Haricots, qu'ils atteignent difficilement aux pays humides et brumeux, on propose d'en arracher les tiges dès que les cosses sont pleines et que les graines sont à peu près parvenues à leur grosseur. Les espèces grimpantes resteront suspendues aux rames; les naines se tiendront dans leur position naturelle, mais on leur conservera les racines, qui doivent toucher le sol, tandis que de petites ramilles porteront les tiges. On placera les unes et les autres dans un endroit convenablement exposé au soleil. Au bout de *huit* jours les feuilles seront fanées et joncheront la terre, tandis que le fruit continuera à se former et à se perfectionner. De la sorte on avance, assure l'auteur de l'innovation, au moins de trois semaines la maturité des Haricots, on les rend plus délicats que ceux qui mûrissent naturellement sur place. L'expérience faite en plusieurs localités nous apprendra si le conseil doit être suivi. Un seul avantage qui nous paraît incontestable aujourd'hui, c'est la facilité qu'il donne de remplacer la récolte obtenue par des semis et plantations d'automne, qu'on ne peut faire trop tôt pour les dernières récoltes.

—

Encore une plante qu'on nous offre pour nouvelle ! Celle-ci doit nous fournir 40 kilogrammes d'huile excellente, exprimée à chaud ou à froid, sur 100 kilogrammes de graines. Elle est annuelle, originaire de l'Amérique méridionale et se nomme *Madi*, dont les botanistes ont fait *Madia*. C'est une corymbifère que Feuillée nous a fait connaître en 1757. On sait qu'il en existe deux espèces : l'une, sauvage, que Cavanilles appelle *Madia viscosa*, et Molina *M. mellosa ;* l'autre, cultivée en grand dans presque tout le continent américain méridional, est le *M. sativa*, plante herbacée, rameuse, haute d'un mètre et demi, pouvant servir d'ornement quand de l'aisselle de ses feuilles, d'un vert clair (chargées, ainsi que la tige et les rameaux, de poils courts et blanchâtres), s'élancent de grandes fleurs jaunes radiées de l'aspect le plus agréable. Feuillée compare à l'huile d'olive celle que l'on retire des graines du Madi. Ce voyageur ne craint pas de la placer même au-dessus pour son goût agréable. Il nous apprend qu'elle est employée non-seulement dans les préparations culinaires et pour le service des lampes, mais encore comme substance médicamenteuse propre à appaiser les douleurs. Il paraît que le *Madia sativa* est cultivé depuis quelques années et avec succès dans le pays de Wurtemberg. L'on y donne 9 kilogrammes de graines pour ensemencer à la volée un hectare vers la fin d'octobre, ou, pour plus de sécurité, avant la mi-mai.

—

On s'est assuré par des expériences suivies que, pendant tout le temps que dure le développement simultané de toutes les parties constituantes de la Betterave, la racine contient, en pareille proportion, de l'eau, du sucre et du ligneux. Une fois que l'époque de la maturité est arrivée, il y a diminution sensible dans la quantité d'eau, et par conséquent augmentation pour le poids de la matière sucrée. Le sucre se forme particulièrement dans le tissu cellulaire délicat. Il n'en reste pas la moindre trace dans la plante qui monte en graine ; sa racine n'a plus alors que du ligneux.

Il était bon d'enregistrer ce renseignement avant

de voir totalement anéantie la fabrication du sucre indigène, et par suite la proscription mille fois impolitique de la Betterave, comme il est bon de rappeler que ce fut 1° en 1747 que Margraff, de Berlin, reconnut en elle la propriété de fournir un sucre absolument identique à celui de la canne; 2° en 1775, qu'un proscrit français, Achard, y fabriqua ce sucre en grand; 3° en 1811, que cette nouvelle branche d'industrie agricole fut spontanément adoptée en France; 4° enfin qu'elle fut frappée à mort en 1839, au moment même de sa plus grande splendeur.

La preuve est acquise; la voici :

Au moment où le ministère du 15 avril eut présenté son projet de loi sur les sucres, j'ai élevé la voix en faveur du sucre de Betterave, qu'il tuait en favorisant le sucre de canne; j'ai répondu aux lamentations anti-nationales des colons, des habitants de quelques ports de mer, et des journalistes, pour qui la patrie n'est rien quand il s'agit de servir qui les paie, et j'ai fait voir ce que l'intérêt de la France commandait à ses représentants. Le projet n'a point été soumis à la discussion et a été renvoyé à la session prochaine. Pendant ce temps on apprit que les gouverneurs des Antilles, particulièrement ceux de la Martinique et de la Guadeloupe, touchés par le spectacle des souffrances qu'ils avaient sous les yeux, autorisaient, le 15 mai, l'exportation des sucres à l'étranger. L'écoulement fut rapide. Les accapareurs ont profité du vil prix pour asseoir leurs calculs et s'assurer de la récolte pendante. Les magasins, depuis longtemps encombrés, se vidèrent avant l'arrivée de l'ordonnance du 30 juin suivant, qui déclara la résolution des gouverneurs abusive et qui la réforma.

La situation des colons se trouva donc dès-lors totalement changée. Cependant leur entêtement à demander un dégrèvement pour eux, et, par suite nécessaire, la ruine totale du sucre de Betterave, ne s'est montré que plus exigeant. C'était le cas de faire une loi plus rationnelle, plus équitable et plus nationale que celle arrangée par M. Martin (du Nord), mais non pas d'agir par la voie d'ordonnance, comme vient de le faire le ministère du 12 mai 1839, interprétant à sa guise les dispositions de l'article 34 de la loi du 17 décembre 1834.

Toutes les lois existantes sur les sucres ruinent à la fois les producteurs indigènes et ceux des colonies, mais l'ordonnance du 21 août 1839, qui dégrève à partir du 10 septembre les sucres coloniaux, porte le coup le plus funeste à la fabrication du sucre de Betterave; elle jette la perturbation dans l'agriculture et l'industrie de nos plus riches départements, prive de travail un grand nombre d'ouvriers.

Cette ordonnance a été rendue sur le rapport de M. Cunin-Gridaine, qui s'est rendu l'organe des plaintes menaçantes des colonies, et à la sollicitation M. l'amiral Duperré, représentant celles des ports de mer.

M. Capdeville-Lillet, de Barsac, vient d'introduire la culture en grand du Colzat dans la commune de Budos, canton de Podensac, département
de la Gironde, où elle était absolument inconnue,
et d'établir en même temps des presses à huile
pour tirer parti de cette graine oléagineuse. Non
content de payer par l'exemple, il distribue encore
gratuitement à tous ceux qui veulent se livrer à ce
genre de spéculation agricole, nouveau pour tout
son département, les plants dont ils peuvent avoir
besoin. Cet acte de patriotisme est digne d'éloges.

Il existe dans les grandes forêts de l'Inde un
arbre très-élevé, dont le tronc droit et fort gros
offre un bois dur, serré, solide quoique léger, à
l'abri des attaques de toute larve d'insectes, à
cause de sa qualité vénéneuse très-intense; malgré le danger que les charpentiers courent en le
préparant, il est employé dans le pays, de préférence, pour les constructions navales, pour la
bâtisse des temples et celle des maisons. Son nom
est le Teck ou Tekka des Indiens, *Tectona grandis*
de Linné. Outre cette précieuse propriété, cet arbre aux branches étalées porte des feuilles oppo-
sées, amples, un peu pendantes, propres à fournir
une liqueur qui sert à teindre en pourpre la soie
et le coton. Ses fleurs blanches et odorantes, sont
disposées, à l'extrémité de ses nombreuses rami-

fications, en une ample et belle panicule; elles donnent naissance à des drupes globuleux, secs, de la grosseur d'une aveline. Le Teck est connu dans le commerce sous les noms vulgaires de *Bois puant* et de *Chêne de l'Inde;* il fait partie de la Pentandrie monogynie et de la famille des Verbénacées. On en connaît trois espèces : le *Djati,* décoré de feuilles larges; le *Sung-gu,* qui monte le plus haut et doit avoir un siècle avant de donner un bois excellent, et le *Soengoe,* dont on mange le fruit.

Dans ses notes sur la culture de cet arbre, André Thouin a témoigné, en 1803, le désir de le voir admis dans quelques cantons du département du Var, au pied de nos Alpes maritimes et en Corse, en un mot là où se plaisent encore le Dattier, l'Oranger, le Citronnier, etc. Son vœu ne tardera pas à se réaliser : J.-J. Dussumier, de Bordeaux, qui vient de terminer son onzième voyage aux pays qu'arrosent le Sindh (Indus) et le Gange, rapporte plusieurs plants enracinés du Teck que l'on va distribuer, sous notre étroite zone des Orangers, pour l'y cultiver dans les terres d'alluvion profondes, étendues en plaine ou bien appuyées contre des coteaux de nature argileuse. La voie des semis ne peut être employée en Europe, parce que les graines venues du pays perdent promptement leur propriété germinative, surtout quand elles voyagent sur mer.

Ce sera sans aucun doute une conquête importante si nous parvenons à obliger ce bel arbre à prendre rang parmi nos plantes acclimatées, sans rien perdre de l'abondance de sa sève, sans conserver de souvenir de sa mère patrie, je veux dire sans que ses produits soient inférieurs à ceux qu'il y donne.

———

La zone des Oliviers, circonscrite au littoral de la Méditerranée à l'époque de l'introduction de cet arbre sur le sol gaulois par les premiers fondateurs de Marseille, s'est peu à peu élevée jusqu'à la distance de plus de treize myriamètres, et bien avant le rigoureux hiver de 1476 jusqu'aux premières années du dix-huitième siècle, elle décrivait encore une ligne partant des Pyrénées, non loin de la source de l'Ariége, suivait les nombreuses et pittoresques sinuosités de la chaîne des Cévennes jusqu'à l'embouchure de l'Isère dans le Rhône, sept kilomètres au-dessus de Valence, pour de là longer les bords de cette rivière et gagner les Alpes en vue du petit mont Saint-Bernard. Depuis le funeste hiver de 1709, renforcé par ceux de 1789, de 1820 et de 1830, cette ligne descend aujourd'hui de plus en plus et se rapproche davantage du lit de la Méditerranée.

En effet, la végétation de l'Olivier remplissait naguère encore toutes ses phases à quatre cents mètres d'élévation ; maintenant, l'arbre se prépare à quitter la terre de l'Avignonais. A Saint-Saturnin, bourgade à huit kilomètres d'Avignon, sur des terres rougeâtres et caillouteuses, les Oliviers sont déjà très-chétifs, et ont plusieurs fois été rabattus à diverses hauteurs. A Manosque, leurs troncs noircis annoncent une ruine totale très-prochaine. A Aix, si célèbre par l'excellence et le fil d'or de ses huiles, l'Olivier menace; les tailles rigoureuses auxquelles il est soumis depuis un demi-siècle par suite des trois grands hiver que je viens de nommer, les graves intempéries des hivers ordinaires, les gelées tardives du printemps, augmentent chaque année les craintes, les mauvaises chances et les pauvres récoltes. A Marseille, l'arbre souffre très-souvent; il n'offre réellement de superbes tiges, des tiges vraiment productives, qu'au-delà de cette ville jusqu'au Var, en suivant le littoral de la Méditerranée; il prospère encore, en remontant vers le Rhône, à Cuers, au Luc, à Draguignan. Là l'Olivier se plaît toujours, il y vit sur les collines, qu'il enrichit et où le vert tendre de ses rameaux se marie volontiers au vert foncé de la Vigne, du Mûrier et du Figuier, aux tiges tortueuses du Jujubier, qui y croît sans culture, et près des plantations de l'Arbre à liége, *Quercus suber.*

Ce que je viens de dire s'applique partout aux Oliviers greffés et à leurs variétés délicates.

—

J'appelle l'attention sur une plante grimpante, herbacée, annuelle, formant genre dans la famille des Cucurbitacées, parce qu'elle peut aisément devenir pour nous plante économique et dans le même temps plante d'agrément. Je veux parler de la Sicyote anguleuse, *Sicyos angulata* de Linné (le *Sicyos edulis* de Jacquin, le *Sechium edule* de Swartz), que l'on nomme Concombre arada aux Antilles et chez les Américains. C'est une jolie conquête à faire ; elle est facile, surtout pour nos départements du Midi, si l'on veut se procurer des graines fraîches expédiées des diverses contrées du continent américain dans des pots remplis de terre où elles auront été semées immédiatement après la récolte. Comme la graine, qui est jaunâtre et de la grosseur d'une fève dite *de marais*, ou, si l'on aime mieux, d'un haricot d'Espagne, conserve fort peu de temps ses propriétés germinatives, ce serait une voie trop hasardeuse.

La Sicyote comestible a les racines courtes, blanches, légèrement traçantes ; ses tiges, longues, rameuses, traînent sur le sol quand la plante vit isolée ; elles sont garnies de feuilles alternes, pétiolées, arrondies, anguleuses comme celles des Concombres, *Cucumis*, du plus beau vert, et munies de vrilles simples, longues, tordues en spirale, au moyen desquelles elles s'élèvent sur les arbres voisins. Elles sont décorées par des fleurs petites, d'un jaune pâle, disposées en grappes, épanouies en juillet et se succédant jusqu'en septembre. Ces fleurs sont unisexuées et monoïques ; les mâles offrent dans leur calice campanulé, obtusément quinquéfide [1], extérieurement et en dessous à cinq dents terminées en alène, ou, comme disent les botanistes, subulées,

[1] C'est-à-dire à cinq divisions obtuses.

cinq étamines réunies à leur base, portant quatre anthères géminées[1] et une solitaire. Les fleurs femelles renferment, sous une corolle campanulée, un ovaire ovoïde, infère, à une seule loge, et surmonté d'un rebord glanduleux, discoïdal, au centre duquel se montre un style assez court, terminé par un stigmate épais et à trois lobes. De cet appareil naît, après la dispersion du pollen, une baie ovale, petite, hérissée de pointes et monosperme. Cette graine n'est point entourée d'un bourrelet comme celles des Courges, *Cucurbita*.

Rien de plus rapide que la végétation de la Sécyote anguleuse; elle vient en pleine terre, s'accommode très-bien de la culture du Concombre; elle ne demande qu'un peu d'ombrage pour cacher en peu de temps, sous un vaste rideau de verdure, les murailles dont le triste aspect afflige les yeux, et pour entourer le pied élancé des arbres à haute tige.

[1] Autrement dit composées de deux parties tout à fait pareilles, comme les feuilles du Sainfoin double-feuille, *Hedysarum diphyllum*, L; les fleurs de la Lentille, *Ervum lens*; les semences nues des Ombellifères; les baies de la Garance, *Rubia tinctorum*, L, etc.

HORTICULTURE.

—

Quelques réflexions préliminaires. — On donne le nom d'HORTICULTURE à l'agriculture du manoir, à cette branche des travaux champêtres qu'on peut appeler la véritable et permanente pourvoyeuse des besoins les plus intimes du ménage, à ce genre d'exploitation qui, d'un modeste enclos, fait le théâtre du goût et du caprice, de l'utile et de l'agréable, le foyer de jouissances journalières sans cesse renouvelées, sans cesse aiguisées par des plaisirs attrayants et prolongés, que l'on savoure pleinement, avec délices, et auxquels on revient toujours avec une nouvelle ardeur, parce qu'ils ne s'émoussent jamais. Nous aimons, en effet, à voir sortir du sein de la terre les graines que nous lui avons confiées ; nous nous plaisons à les voir poindre, monter, prendre de la force, se couvrir de feuilles, se charger de fleurs et de fruits. Nous contemplons avec joie le sol que nous avons bêché, remué, disposé à notre gré ; nous suivons avec orgueil les sinuosités de nos sentiers et les allées que nous avons plantées, comme nos yeux s'arrêtent avec intérêt sur les voûtes épaisses que nous avons arrondiess Sur le vert gazon, émaillé de tendres paquerettes, qu'il est doux le bonheur de voir nos enfants folâtrer auprès de leur mère, qui préside sans cesse à leurs jeux !

Nous savourons bien mieux les mets qui couvrent notre table, le parfum des fleurs qui couronnent le front ou se penchent sur le sein de la fille chérie dont la santé soutient et embellit la nôtre, ainsi que la chair délicate des fruits que nous offrons à l'ami, visiteur aimable et enjoué, quand ces légumes, ces fleurs et ces fruits proviennent du potager, du parterre ou de l'espalier que nous soignons nous-mêmes. Le miel est bien plus suave quand l'abeille, en bourdonnant, boit les pleurs du matin aux corolles épanouies près de nous et qu'elle va, sous nos yeux, les distiller dans la ruche que couvre l'orme protecteur de notre modeste habitation.

Considérée sous ce point de vue, l'horticulture est l'amie de l'homme, l'élément d'un travail sans fatigue, de l'ordre et de l'aisance, et, comme l'écrivait Vomanus[1], le poëte marseillais, c'est vraiment alors que

> Le jardin plaît, qu'il retient, qu'il nourrit;
> Des noirs chagrins il délivre l'esprit,
> Rend à nos corps la vigueur nécessaire,
> Séduit la vue, et d'un digne salaire,
> Payant les soins qu'il exige de nous,
> Sous mille aspects sait contenter nos goûts.

[1] Ce poëte, qui vivait à la fin de quatrième siècle de l'ère vulgaire, est l'auteur de *l'Hortulus*, jolie pièce de vers iambes sénaires, pleine de goût et de pensées délicates, que l'on a longtemps attribuée à Virgile, et que, malgré les doctes élucubrations de Hérissant et de Saint-Léger, je vois encore placée à la suite de ses œuvres. Si les éditeurs et les critiques eussent avec plus de goût et de sagacité examiné les expressions employées par Vomanus, ils ne l'eussent point dit sortie de la plume élégante du chantre des *Géorgiques* et de *l'Énéide*. En effet, le mot

Aux soins du jardin s'est limitée l'agriculture primitive au nord comme au midi, quoique, d'après une assertion assez légère de Tacite, on ait dit et répété que les Gaulois, que les Celtes leurs pères ne connaissaient aucunement les pratiques du jardinage. Avant leur fatale invasion dans les contrées où l'horticulture est encore aujourd'hui la plus brillante, les Romains ne possédaient ni le Houblon et l'Épinard, ni l'Arroche et l'Estragon, ni la Carotte, ni la Laitue, etc., alors en pleine culture dans les nodfyrhs [1] de nos aïeux, admis sur leurs tables et qu'ils avaient arrachés à l'état sauvage et modifiés par des semis bien entendus. Je puis même dire que les potagers romains ont changé de face par les richesses qu'ils puisèrent dans les Gaules. Sous ce point de vue, comme sous beaucoup d'autres, l'histoire de l'horticulture, celle de l'agriculture, ainsi que celle de nos divers procédés économiques ont besoin d'être en-

---

multiforme, que je crois créé par Sénèque, et celui de *pascit*, mis au neutre, décèlent à tous les yeux, non le moyen âge, comme on l'a dit, mais une latinité qui n'est plus celle du temps d'Horace. Voici les vers latins dont on vient de lire la traduction :

> *Oblectat hortus, advocat, pascit, tenet.*
> *Animoque moesto demit angores graves ;*
> *Membris vigorem reddit, et visum capit;*
> *Refert labori pleniorem gratiam;*
> *Tribuit colenti multiforme gaudium.*

[1] C'était le nom des jardins plantés, entretenus autour des habitations. Ils étaient placés sous la protection des lois et du culte. Les cendres du foyer, des vieux gazons, des arbres tombés de vétusté s'y répandaient sur les plantes potagères, surtout chez les Celtes du nord, qui manquaient d'autres engrais.

tièrement refaites. Elles ont été écrites et recopiées mille fois sous le joug des préventions scholastiques et de la croyance imposée que tout devait venir de l'Orient. Je le démontrerai quelque jour. En attendant, revenons à notre sujet.

Par l'étude continuelle du sol dans ses rapports avec les plantes qu'on lui confie, et par les préparations particulières exigées d'après la nature de leurs racines et de leurs fruits, on s'est ouvert une voie plus large, on a eu l'utile potager, le jardin fruitier ou le verger et le fleuriste; la coquetterie est venue bientôt après pour mettre en harmonie toutes les parties de la propriété, pour cacher ce qu'elle avait d'irrégulier, de choquant, et, sans les agrandir, étendre leurs limites en ouvrant des perspectives imprévues qui les lient avec le pays, qui les prolongent ou les rapprochent au besoin et varient à chaque pas les scènes intérieures. De là naquit le jardin paysager.

Le Potager est le coin de terre où l'on cultive les plantes destinées à la nourriture de la famille. On le défonce avec la houe et la pioche, la charrue l'ameuble, les fumiers lui donnent du moelleux et de la vigueur. Une fois arrivé à cet état, l'on fait choix des semences, on les partage en trois époques différentes dont on saisit habilement le moment, afin de s'assurer des ressources pour toute l'année; on les répand à des places particulières avec goût, ordre et entente. Cette disposition oblige l'ensemble du potager, d'ordinaire si froid, si monotone, à devenir pittoresque, séduisant, enchanteur. On entremêle les végétaux munis de racines fibreuses avec ceux dont les racines s'enfoncent en pivotant. Les gros légumes, qui peuvent se passer d'arrosement, se placent dans la partie la plus sèche et la plus élevée; les plantes vertes les plus délicates se mettent dans le bas, ordinairement plus frais, plus à portée des eaux, dont elles ont un besoin, pour ainsi dire, de tous les instants. Tout le terrain voulant être mis à profit, les sentiers qui divisent chaque pièce ne doivent avoir que l'espace indispensablement nécessaire pour faciliter la culture. N'y plantez aucun grand arbre, mais seulement quelques sous-arbrisseaux et même certains arbustes; leur taille et leur feuillage tel épais qu'il soit ne priveront point les plantes de l'influence solaire, l'ombre qu'ils projettent n'est que passagère; loin de de nuire, elle entretient momentanément la fraicheur et l'humidité; la chaleur qui vient après échauffe assez le sol; elle produit sur les végétaux herbacés les meilleurs effets et ne les brûle jamais.

Ainsi que nous l'avons déjà vu [1], la culture potagère produit en peu de temps des miracles; elle convertit une lande stérile en un lieu d'abondance et de gaieté. En veut-on de nouvelles preuves? Nous citerons l'île de Amack, vis-à-vis de Copenhague en Danemarck: à la fin du xve siècle, elle offrait partout l'aspect le plus triste; en 1518, une colonie d'horticulteurs belges vint s'y fixer;

[1] *Voyez*, plus haut, pages 23 à 34 et pages 168 à 174.

Ils travaillèrent le sol en profitant de ses moindres
accidents et en obligeant les sources d'eau vives à
se distribuer en petits rivulets autour de chaque
portion de terre auxquelles ils confiaient des plantes potagères. Bientôt une verdure bienfaisante
couvrit le sable, métamorphosé en terre végétale;
l'abondance récompensa l'active industrie d'une
population aujourd'hui de 4,500 individus robustes, pleins de santé, tous simples et heureux,
conservant avec une sorte de scrupule religieux le
costume, les usages et la langue de leurs ancêtres.

Citons encore les hortillons de la vallée de la
Somme [1]. Ils ont, depuis des siècles, arraché plus
de cent hectares aux eaux croupissantes des marais, et forcé une terre légère, spongieuse, noire,
plus ou moins tourbeuse, à fournir tous les légumes, toutes les plantes potagères (la lentille seule
exceptée), nécessaires chaque jour aux besoins
sans cesse renaissants d'une nombreuse population.
Leur terrain, bien préparé et nivelé, se divise par
aires ou petits parallélogrammes, au moyen de rigoles de deux mètres de large, s'étendant d'un
bras à l'autre de la Somme. La longueur de chaque aire est indéterminée; elle dépend des facul-
tés pécuniaires de l'hortillon. Quant à la largeur,
elle est de 3 à 4 mètres au plus, c'est-à-dire de la
portée de l'eau puisée du bord de l'aire dans le

[1] L'hortillonnage s'étend, d'une part, au-dessus d'Amiens,
dans la commune de ce nom et dans celles de Camont, La Neu-
ville, Longueau, Rivery et Fortmanoir dans la vallée de l'Avre;
de l'autre part, au-dessous d'Amiens, dans le faubourg de Ham
et dans la vallée de la Celle.

canal à l'aide d'une écope ou pelle creuse. Leurs
habitations se distinguent aisément par leur toit
prolongé en avant et leur aspect pittoresque. De
longues guirlandes sont appendues sur la façade,
formées par les tiges chargées de graines conte-
nues dans leurs gousses ou capsules; elles attestent la fertilité du sol, l'espoir des récoltes prochaines et l'active industrie des habitants. Un
autre spectacle non moins agréable, c'est celui de
ces cent bateaux effilés qui, de juin à novembre,
et cinquante seulement de novembre et juin, qui,
chaque jour, sous la conduite de femmes ou de
jeunes filles, circulent sur la Somme avec le plus
grand ordre, sans aucune discussion, et vont à la
ville porter l'abondance, les fruits et les légumes
les plus exquis.

Je pourrais nommer encore les maraîchers de
Paris, mais je leur réserve un article à part, leur
industrie exigeant des détails que je ne trouve
dans aucun livre de culture et que j'ai été étudier
au milieu d'eux.

Visitons maintenant le Verger.

Quand on veut posséder un VERGER ou JARDIN
FRUITIER et être certain que les arbres à haute
tige et de plein vent qu'il renferme prospèreront
et nous fourniront des fruits de bonne qualité,
l'on doit les tirer du pays même que l'on habite,
les choisir parmi les plus estimés, parmi les plus
vigoureux, parmi ceux qui sont tous venus bien
greffés et prêts à fructifier. Il faut, malgré l'usage
contraire, leur conserver le pivot pour qu'ils s'en-

foncent sans contrainte et surtout sans être forcés de s'étendre horizontalement. Comme ils sont habitués à la température et à ses variations, ils souffrent moins de la transplantation, ils viennent vite et bien, et, pour me servir de l'expression du poëte,

Endurcis aux hivers ils donnent sans efforts.

La préférence que l'on accorde aux espaliers est fondée sur la supériorité des fruits pour la grosseur et la beauté; mais, pour le goût et pour la durée, les arbres en plein vent ont l'avantage. Un verger bien organisé permet de cultiver au pied des arbres des plantes fourragères sans que les uns nuisent aux autres, et réciproquement. Et qu'on ne pense pas que par les mots *bien organisé* j'entende parler d'un verger régulièrement symétrique, coupé à angles droits par des allées très-droites; les arbres doivent être plantés par groupes, en laissant de grands intervalles d'un groupe à l'autre, afin que l'air et les rayons du soleil circulent aisément autour de ces massifs, qui se garantissent l'un par l'autre de la maligne influence des brouillards et des gelées tardives, qui s'arrangent ensemble, résistent aux vents, présentent des formes variées, des aspects si différents, parce que les individus qui les composent sont de familles et de genres différents. Chaque groupe est formé par cinq arbres plantés dans la circonférence d'un cercle ayant six mètres de diamètre. Là ce sont sept ceps de vigne qui s'élèvent en pyramide et ajoutent à la perspective; ici ce sont des quenouilles de poires de diverses espèces, du milieu desquelles s'élance un Peuplier d'Italie; partout ce sont des nappes de verdure couronnées par des touffes d'Abricotiers et de Coignassiers, de Cerisiers et des Pommiers, etc., disséminés avec art. L'utile et l'agréable sont unis ensemble, rien n'est négligé, l'on a tiré parti de tout. Le quinconce a l'inconvénient d'offrir un coup-d'œil monotone, de placer les arbres de manière que les racines se gênent mutuellement, enfin de proscrire toute autre culture. Le verger doit être fermé de bonnes haies vives pour en écarter soigneusement les bestiaux.

Le FLEURISTE, ou jardin à fleurs. Je ne veux point parler ici de cette culture qui dégénère en manie et sacrifie tout au plaisir bien niais d'avoir des couleurs éblouissantes, des dégénérescences et des monstruosités, quand je demande aux corolles leur parure naturelle unie à des parfums qui me flattent, à un feuillage qui repose ma vue et garnisse le sol. J'appelle *fleuriste* les massifs, les plates-bandes où les plus belles plantes rassemblées les unes auprès des autres se prêtent un mutuel appui pour mieux faire ressortir leur éclat, pour mêler leurs douces émanations, pour être plus ravissantes et séduire par la variété de leurs formes, de leur disposition et de leur succession. Je veux que ces aimables filles du printemps, que ces merveilles fugitives de l'amour brillent à chaque pas, m'arrêtent, me fixent, qu'elles présentent de toutes parts des bouquets tantôt descendant en festons, tantôt réunis en corbeilles, ici appelant la main de la beauté pour les cueillir et s'en parer, la égayant les bordures derrière lesquelles végètent les légumes qui doivent orner ma table, se mêlant aux gazons chargés de fournir une herbe fine à mes agneaux, décorant le dessous des arbres fruitiers. Les fleurs doublent le charme de leur existence quand, auprès de l'utile, elles me retracent les jeux de mon enfance, les noms des bienfaiteurs de l'humanité, les époques glorieuses de ma patrie, les images de la félicité, les goûts de ma mère, de mon amante, de mon épouse, de mes enfants, de mes amis. En les voyant ainsi je goûte une douce volupté, j'oublie la sombre adversité, je supporte sans murmurer tous les maux inséparables de la vie, je possède les vrais éléments du bonheur : dans leurs émanations suaves je l'aspire par tous les sens.

C'est sous le même point de vue que je considère le JARDIN PAYSAGER. Je veux rendre ma retraite aimable pour en jouir pleinement, je l'embellis, je la marie aux habitations, aux plantations voisines, sans rien envier à personne, sans envahir la plus petite parcelle de terre à la veuve ni à l'orphelin, sans nuire au pauvre, et sans céder à ce préjugé qui veut que l'agrément nous vienne seulement des plantes inutiles, des arbustes étrangers, des arbres rares, en un mot des végétaux qui ne servent à rien qu'à flatter la vanité du propriétaire qui se les procure à grands frais. Plus simple dans mes goûts, plus humble dans mon ambition, c'est aux plantes de mon pays que je

demande de frais ombrages, de jolies fleurs, des
parfums exquis; je vais les chercher aux rives du
ruisseau gazouillant, à la sombre forêt, à la montagne voisine; elles sont plus promptement et
plus constamment en harmonie avec le site et le
pays. Quant à leur verdure, à leur brillant émail,
je peux associer les végétaux des contrées limi-
trophes, j'élargis un cadre gracieux; si, quelque
temps après, une heureuse circonstance m'apporte
des régions lointaines, sans exiger de fortes dépenses, des tiges plus agréables, des fleurs plus
suaves, des fruits plus exquis, j'ajoute quelques
jouissances nouvelles à celles qui m'enveloppent
déjà, sans oublier l'indispensable, qui est de tous
les moments, qui assure l'aisance de ma famille
et me promet à chaque lever un doux et conso-
lant avenir.

Des plantes sauvages perfectionnées dans le potager et le fleuriste on éprouva le besoin de marcher avec la civilisation, de profiter des ressources
offertes par les contrées voisines, et même par les
plus lointaines, pour s'emparer de leurs richesses
végétales et en faire le patrimoine de la patrie. Les
tentatives de cette sorte sont les plus honorables,
puisque leur but, tout en flattant l'amour-propre
dans son individualité la plus absolue, est de varier les ressources de la famille, multiplier celles
de la maison rurale, d'introduire des améliorations
dans les diverses branches de la grande comme de
la petite culture.

Mais, encore une fois, il ne faut pas que la

passion nous égare ; il est en tout des bornes au pied
desquelles il convient de s'arrêter; le riche lui-même
ne les franchit point en vain. Méfiez-vous donc de
l'éloquence calculée du marchand parlant sans cesse
de nouveautés précieuses, d'articles uniques : c'est
un jongleur qui vous ruinera. Modérez vos désirs
et votre ambition : les bonnes choses, les choses
utiles vous arriveront tôt ou tard; le plus souvent
elles sont auprès de vous, vous les négligez pour
courir après des illusions; je dirai plus, vous les
méprisez pour vous préparer des mécomptes d'autant plus amers que vous avez plus chaudement
embrassé et caressé la chimère. Pour être heureux, mes amis, il faut nous contenter de peu;
pour trouver toujours des charmes dans notre
jardin, il suffit d'y donner la plus grande place
possible aux objets d'utilité première, et d'y
réunir les articles d'agrément les moins dispendieux : c'est un lieu de paix et de délassement où
tout veut être en harmonie avec le cœur, avec
l'esprit et l'économie.

—

C'est dans le jardin que les écarts de la végétation, que les dégénérescences mobiles amenées
par certaines altérations dans les tissus des organes ou par une lésion dans les fonctions physiologiques des plantes, en un mot, que les accidents déterminés par la piqûre des insectes, par
l'action plus ou moins prolongée des météores, ou
même par une cause perturbatrice due aux caprices

de l'horticulteur; c'est, dis-je, dans le jardin qu'ils fixent plus spécialement l'attention et y deviennent la source de soins tout particuliers pour les perpétuer, d'un intérêt ardent et même parfois de bénéfices remarquables. En attendant que je réunisse tous les faits qui peuvent plaire et instruire sur ce sujet, voici certaines difformités que présente à l'observateur une jolie variété de la Cardamine des prés, *Cardamine pratensis*, L., qu'on nomme aussi Cresson élégant.

On sait que cette crucifère, commune et vivace, plante potagère et médicale, herbe fourragère et d'ornement, affecte une multitude de formes diverses, mais il en est peu d'aussi remarquables que celle observée dernièrement dans une monstruosité par excès : elle consiste en un prolongement des pédoncules floraux dans l'intérieur du fruit et la présence de trois fleurs, l'une au-dessus de l'autre, sur un axe commun. Cet écart se présente tantôt sur toutes les corolles blanches et légèrement purpurines du corymbe; tantôt les supérieures conservent seules leurs formes normales, et d'autres fois il se développe une petite feuille à l'extrémité des anthères.

La Julienne des dames romaines, *Hesperis matronalis*, surtout sa variété à fleurs doubles pourpres ou blanches de nos jardins, offre souvent aussi le prolongement des pédoncules floraux, mais je ne connais point de faits qui constatent sur elle les autres phénomènes que je viens de rapporter.

—

En 1837 une nouvelle espèce de Capucine a été apportée du Pérou en France. Elle a le port de l'espèce commune, est herbacée comme elle, s'élevant à 1 mètre environ et ayant ses rameaux enlacés les uns dans les autres. Ses feuilles, larges, divisées en cinq lobes, sont portées sur un pétiole de 16 centimètres de long, muni à la base de deux petites stipules bractéiformes et susceptibles de s'accrocher aux corps voisins. Ce qui distingue le plus cette plante de l'espèce cultivée, ce sont les tubercules chargés de veines rougeâtres qu'elle présente, en nombre variable, presque à la surface du sol : aussi cette circonstance a-t-elle déterminé le nom que les botanistes lui donnent de *Tropæolum tuberosum.* Elle a fleuri pour la première fois à Paris en octobre 1838, et annonce devoir épanouir de nouveau ses corolles dans un mois.

— —

Les contre-espaliers, quenouilles ou pyramides d'arbres fruitiers à pepins développent presque toujours des bourgeons et faux-bourgeons inutiles au-dessous de la dernière taille ou bien à l'extrémité des branches verticales ou latérales. Le jardinier n'a pas toujours le temps de les supprimer au moment convenable, et, lorsqu'ils ont atteint 20 centimètres, ils nuisent singulièrement aux branches réservées et privent en même temps d'air et d'une portion de leur nourriture les fruits placés au centre. Il convient de leur faire subir la taille en vert, autrement dit l'*ébourgeonnage,* comme on le pratique sur les espaliers de Pêchers et autres arbres fruitiers à noyaux. On ne réserve que les bourgeons susceptibles de servir à la continuation de la charpente et de la forme de l'arbre pour la taille suivante.

On peut encore déchausser le pied de l'arbre trop vigoureux, se saisir d'une, deux ou trois de ses plus grosses racines, suivant l'âge, la force et la nature de l'individu, pour les coucher par la moitié ou bien aux deux tiers : ce moyen met promptement l'arbre à fruit sans nuire à la durée de son existence.

D'une autre part, l'on sait que les quenouilles de Poiriers sont souvent improductives; mais ce qu'on ignore, c'est que, en arquant les rameaux, on les oblige non-seulement à fournir abondamment des fruits, mais encore à demeurer garnies au bas des tiges. Si l'on veut que l'opération réussisse, on doit la faire en été lors de l'ébourgeonnement, et remettre pour couper les extrémités des rameaux courbés à la taille d'hiver. Par suite de ce mode de culture, recommandé par Cadet-de-Vaux, et qui s'applique également au Pêcher et aux autres arbres fruitiers, les greffes d'un an, dont les pousses ont été soigneusement arquées, rapportent de très-beaux fruits l'année suivante.

—

Nous possédons depuis 1837, sous le nom de *Ipomæa pallescens,* une nouvelle espèce de Quamoclit, originaire du Mexique, haute de 3 mètres et plus, à la tige volubile, aux feuilles ovales, dont la corolle offre un phénomène assez rare de coloration; elle est d'abord d'un superbe rouge écarlate, elle passe ensuite au jaune, puis au blanc sale. Le tube, très-rétréci dans sa partie la plus voisine du calice, qui a ses divisions courtes, vertes et bordées de violet, se dilate tout à coup lorsque les fleurs s'épanouissent; il présente cinq angles assez saillants qui laissent voir les cinq étamines couronnées par leurs anthères oblongues et de couleur jaunâtre. C'est une fort belle plante aux huit à dix fleurs s'ouvrant successivement depuis le mois de juin jusqu'au milieu d'octobre.

On croit être sur la trace de l'origine primitive du Froment cultivé : l'extrême ressemblance des fruits de l'*Egilops* avec les grains du *Triticum* avait déjà fait soupçonner à plusieurs botanistes que le second n'était qu'une modification du premier due à la culture. Quelques essais faits l'an dernier aux environs de d'Agde, département de l'Hérault, sembleraient justifier cette conjecture. Des pieds de l'*Egilops triticoides* ont perdu les caractères du genre pour adopter en partie ceux du genre *Triticum*. L'Égilope n'est pas encore un Froment, mais il n'appartient plus à son genre botanique. Il faut suivre cette métamorphose dans toutes ses phases avant d'y croire. Nous rendrons compte des tentatives nouvelles à ce sujet.

ÉCONOMIE DOMESTIQUE.

—

Amélioration des Vins par le Sucre de fécule. — On nous assure que, après des expériences exactes, on a acquis 1° la certitude que la fermentation du moût additionné de sucre de fécule, mis en bouteille, a une durée plus longue que celle du moût naturel et que celle du moût auquel on ajoute du sucre de canne ou de betterave; 2° que le sucre de fécule, dans la proportion de trois parties environ sur une de sucre de canne, équivalant pour le prix, alcoolise le vin à un plus haut degré que ce dernier, et modifie avantageusement sa saveur, sa couleur et sa durée; 3° que le sucre de fécule donne aux vins d'Argenteuil, de Surène et de presque tous les environs de Paris [1], par le degré

[1] Ces vins ont autrefois joui d'une haute réputation, mais ils l'ont perdue par l'avidité qui a déshonoré les vignobles en y introduisant les ceps très-productifs du *Gamet* et du *Teinturier*. Aujourd'hui leurs vins sont pauvres et très-pauvres. Celui de Surène était surtout des plus estimés aux xve et xvie siècles. S'il fallait s'en rapporter au sentiment de Musset-Pathey (*Bibliographie agronomique*, p. 458 et 459), il ne s'agirait pas du coteau de Surène près Paris, mais bien de celui de Suren, situé non loin de Vendôme. Dans son poëme sur le vin d'Orléans, publié, en 1605, par Simon Rouzeau, et que Musset ne connut point, nous voyons par ces mots, *comme le vin d'Ayet le françois Suresne*, qu'il est question positivement du village situé sur les bords de la Seine, et non pas d'un clos où l'on cultivait le suren, dont le vin blanc s'améliorait, dit-on, en vieillissant. Il est bon de faire observer, en outre, que ce raisin avait déjà perdu de sa réputation à l'époque où vivait Rouzeau : c'est ce que l'on infère de l'article même de Musset-Pathey.

alcoolique, une supériorité de plus-value de 7 fr.
12 c. par pièce sur le vin naturel, toutes dépenses
compensées, tandis que le sucre de canne ne les
améliore, à prix égal avec le sucre de fécule, que
de 2 fr. 70 c. par pièce; 4° que l'amélioration obtenue par ce dernier est encore plus sensible sur
les vins de bons crus que sur ceux des crus inférieurs; 5° la plus-value des vins additionnés de
l'un ou de l'autre sucre peut s'établir par la dé-
gustation, mais elle est plus exacte par la distillation, sous le rapport des quantités d'alcool, immédiatement après le soutirage et même deux
mois après cette opération; 6° enfin les vins améliorés par le sucre de fécule sont plus colorés,
plus vieux, et beaucoup plus agréables à boire.

—

Feuilles de Rhubarbe employées pour aliment. —
Depuis 1819 divers propriétaires ont reconnu aux
feuilles succulentes des plantes que nous cultivons sous le nom de Rhubarbes [1] la propriété de
fournir un aliment rafraîchissant et légèrement
purgatif. Ces feuilles peuvent être cueillies depuis
le commencement de mai jusqu'à la fin du mois
d'août. On les mange fraîches en guise d'épinards
et on peut en faire des conserves pour l'hiver, mais
alors on ne prend que les côtes, que l'on met à
cuire, pendant douze heures, sur un feu très-mo-
déré; quand on les a sorties de la chaudière, on
leur laisse perdre toute l'eau, puis on les enferme

[1] *Voyez,* plus haut, pages 48 et 49.

dans des bocaux en mettant dessus un cinquième de leurs poids de belle cassonade, ou bien on les soumet à la préparation indiquée par M. Braconnot [1].

—

Note sur les diverses sortes de Sagous. — Tout est soumis aux caprices de la mode, les articles de toilette comme certaines substances alimentaires ou médicamenteuses. Le Sagou va nous en servir de preuve. Introduit en France vers l'an 1730 [2], la période la plus brillante de sa vogue a été de 1772 à 1784, et durant l'année 1832, que le commerce en importa 28,588 kilogrammes. Depuis 1826 il y a positivement recrudescence dans la consommation du Sagou. Elle fut énorme en 1832, et elle s'explique assez justement par sa coïncidence avec l'invasion du choléra. Quoiqu'il y ait diminution d'environ moitié à partir de 1834, nous avons intérêt à bien connaître cette substance, puisqu'elle est recherchée plus encore comme aliment que comme remède. Disons donc ce que c'est que le Sagou, étudions les caractères extérieurs et les propriétés de chacune de ses diverses sortes : cette instruction est nécessaire pour reconnaître et déjouer les fraudes du commerce, pour prévenir aussi de malencontreuses sophistications [3].

[1] *Voyez*, plus haut, pages 129 à 133.

[2] Dans l'*Histoire des Drogues* par Guibourt, dans le *Dictionnaire de Matière médicale* par Delens et Merat, on ne date cette époque que de l'année 1740 : c'est une erreur.

[3] On chercherait en vain d'utiles renseignements dans le *Dictionnaire des Aliments*, par Aulagnier ; il ne parle que du Sa-

Les Palmiers, de la substance médullaire desquels on obtient la fécule amylacée et nourrissante appelée Sagou, habitent les lieux marécageux des terres intertropicales de l'Asie; ils sont au nombre de sept, 1 des îles Maldives, 1 de Sumatra, 3 des Moluques, 1 de la Nouvelle-Guinée et 1 de la Chine.

Le Sagou des Maldives provient particulièrement de l'ile Malé, la plus considérable et la mieux cultivée de tous les 15 groupes qui constituent cette masse de petites iles voisines de la côte du Malabar. Ses grains sont ovoïdes ou arrondis et d'un volume variant depuis 1 jusqu'à 5 millimètres; ils offrent, les uns, une couleur uniforme de terre cuite dans toute leur surface, les autres ne manifestent cette couleur que d'un côté seulement, avec une dégradation très-sensible de la même teinte du côté opposé; le plus petit nombre est presque blanc.

Quelques familles portugaises, existant encore à la côte de l'est de Sumatra, en face de Malacca, préparent, par un procédé particulier, avec le Sagouier farineux, *Sagus genuina*, le Sagou de Sumatra en grains très-arrondis, de 1 à 2 millimètres de diamètre, les uns tout à fait blancs, les autres d'un blanc sale et même jaunâtre. Ils exhalent une légère odeur de musc qu'ils perdent en partie par le lavage à l'eau froide et qu'on soupçonne gouier des côtes occidentales d'Afrique, le *Sagus vinifera*, dont la fécule ne jouit que d'une très-médiocre réputation. Ce Palmier est plutôt appelé, comme son nom botanique nous l'indique, à fournir aux indigènes une liqueur alcoolique.

leur être communiquée par l'habitude où sont les vendeurs de les enfermer encore humides dans des caisses de bois neuf et odorant.

Du Sagouier-Intal, *Sagus Rumphii,* l'on retire aux Moluques trois sortes de Sagou connues par le commerce sous les dénominations de *gris,* de *rose*[1] et de *blanc.* Le premier, d'une couleur fauve et pâle tirant sur le gris, a les grains arrondis moins régulièrement que dans les deux précédentes espèces et de 1 à 3 millimètres de diamètre. Le second est d'un gris rose uniforme, à petits grains durs, dont les plus volumineux n'ont pas au-delà de 1 millimètre de diamètre. Le troisième, qui partage avec le second le choix des consommateurs, est appelé dans la ville d'Amboine le *Sagou mapati;* ses grains sont encore plus petits et d'une couleur blanc grisâtre égale partout; il jouit de propriétés caractéristiques qu'on ne retrouve dans aucune autre espèce; sa composition intime le rend héroïque dans les convalescences difficiles. Il ne faut pas le confondre avec la Cassave, qui porte le même nom aux Antilles et sur les tablettes des marchands.

[1] Il ne faut pas confondre ce Sagou avec un Sagou rose vineux que l'on débite sous le même nom dans certaines maisons de commerce et dont les grains sont aussi petits. Cette sorte de Sagou est sophistiquée : c'est celui des Maldives, coloré par du carmin. Le mélange n'est point dangereux; il donne de la valeur à une espèce très-commune. On découvre aisément la fraude en agitant dans de l'eau froide; après un moment de repos on voit surnager des petits grumeaux d'un rouge brun, lesquels, écrasés sur du papier blanc, le colorent en rouge plus ou moins foncé.

En 1807 on apprit à connaître le Sagou de la
Nouvelle-Guinée, qui, à cette époque, nous parve-
nait sous la fausse dénomination de Sagou d'Allemagne, qu'on lui conserve encore et très-improprement dans quelques magasins de Paris. Il est
tiré d'un Cycas, le *Cycas circinalis*, de l'île Waigiou,
située à la pointe nord-ouest de la Nouvelle-Guinée. Ses grains ressemblent, quant à la forme et
au volume, au Sagou des Maldives, mais leur
couleur dominante est le rouge de brique; il y en
a cependant qui participent de cette couleur et
d'une teinte plus pâle et d'autres qui sont d'un
blanc sale.

Une septième variété de Sagou provient de la
Chine; elle est fort peu connue. Ses grains, ronds,
ovoïdes ou pyriformes, se montrent parfois agglomérés ensemble au nombre de trois ou quatre;
ils ont d'un à six millimètres de diamètre, et sont
d'une couleur grise, généralement plus prononcée
que dans le Sagou gris de Sumatra; il y en a qui
paraissent d'un jaune fauve et même très-voisins
du blanc.

Les grains de ces divers Sagous offrent une po-
rosité fort inégale; les uns absorbent beaucoup
plus d'eau que les autres. La couleur est inhérente
à chacun d'eux, et ne provient pas, comme on l'a
dit, tantôt de la torréfaction, tantôt d'un principe
colorant étranger à la fécule : cette couleur fait
partie de l'enveloppe tégumentaire plus ou moins
lâche, extensible et perméable.

On affirme dans quelques ouvrages nouveaux

qu'il est facile d'imiter parfaitement le Sagou de l'Inde avec la fécule de Pomme-de-terre. On lui trouve bien les principales propriétés chimiques des fécules, mais au goût il est impossible de s'y méprendre. La fécule de Pomme - de - terre, quelle que soit la forme qu'on lui donne, conserve toujours un principe vireux qui décèle son origine [1]; elle est en outre plus ou moins friable, moins que le Sagou factice d'Allemagne et celui que l'on fabrique à Gentilly, près Paris.

Le véritable Sagou convient aux estomacs délicats, aux personnes affectées de maladies de poitrine et est préférable au gruau d'Avoine, à l'Orge mondé. Dans l'Inde on fait des galettes avec cette substance, que l'on mange aussi en bouillie et préparée de mille manières différentes. C'est un aliment léger, agréable, très-sain et nourrissant.

[1] Ce principe n'est point dangereux. Il n'en est pas de même de la Bryone, *Bryonia alba ;* sa férule retient toujours quelque peu de la *bryonine,* principe actif susceptible d'empoisonner.

BIBL
PROPI
et l
A. THÉ
A. Prévost del.
I

OTHÈQUE
du
TAIRE RURAL
a Ménagère;
par
T DE BERNEAUD.
839.
Melle Uranie Thiébaut de Berneaud sculp.